W0367246

Les Sept Cavaliers du Succès

(version homme)

Du même auteur

Massage, comment choisir la formation idéale
Koan Éditions, Paris, 2019

Les Sept Cavaliers du Succès

70 stratégies et techniques
pour atteindre ses objectifs
grâce aux neurosciences

Éric Bah

Collection Success Dao

KOAN
EDITIONS

Design de couverture : Fiverr.com / Lauria
Photo de couverture : Zef Art / Adobe Stock
Photo auteur : Rose Deren
Illustration : Charles Spencer
Relecture : Scrutator
Mise en pages : Don Quichotte

ISBN : 978-2-9554284-3-6
Dépôt légal : 1er trimestre 2020

Koan Éditions
TPEB 91 rue du Fg St Honoré
75008 Paris (France)
contact@koaneditions.com

Note de l'auteur

Cet exemplaire est une version masculine. Si je le précise, c'est parce qu'il existe par ailleurs une version féminine de cet ouvrage.

Le contenu est rigoureusement le même, à ceci près que dans la présente version, les adjectifs et les participes passés sont accordés au masculin, tandis qu'ils le sont au féminin dans l'autre version.

Je trouve rébarbatif de lire un long texte en écriture inclusive. D'un autre côté, je comprends que pour une femme ce ne soit pas très impliquant de lire un livre qui s'adresse à elle comme si elle était un homme.

J'ai donc décidé de faire une expérience : éditer deux versions de mon livre, une pour les femmes, une pour les hommes. L'initiative m'a paru pertinente dans la mesure où je m'adresse directement au lecteur ou à la lectrice.

C'est dans ce même but d'établir entre nous une relation directe que j'ai choisi d'utiliser le tutoiement. Je te parle en ami. Je m'adresse uniquement à toi et non pas à une foule de lecteurs. C'est avec toi que je désire partager mon expérience. Car c'est ta propre réussite qui m'importe.

À toutes mes chères coachées.

À tous mes chers coachés.

Il n'est pas de vent favorable
pour celui qui ne sait où il va.

Sénèque

Remerciements

Merci à mes compagnons conférenciers, Frédéric Chaze, Alexandra Dimian, Arnaud Mani Mani, Angelo Paulina, Ibrahima Seydi, pour leur soutien et leurs encouragements. C'est au cours de l'une de nos réunions qu'est née l'idée de ce livre.

Merci à Abdallah Hassani pour son expertise dans le domaine spirituel. Ses recherches et ses conseils ont enrichi le texte.

Merci à Alexandra Dima pour sa relecture attentive et ses conseils de rédaction pertinents. Son regard acéré de scénariste a permis d'améliorer notablement la narration.

Avertissement de l'éditeur

L'auteur de cet ouvrage n'est ni médecin ni psychothérapeute. Les conseils et exercices présentés ne sauraient en aucun cas se substituer à une consultation médicale. Avant de les mettre en application, vous êtes invité à consulter votre médecin traitant. En cas de douleurs, d'inconfort ou de symptômes inhabituels, cessez immédiatement toute pratique et consultez votre médecin dans les plus brefs délais.

En poursuivant la lecture de ce livre, vous reconnaissez être pleinement informé des risques que peut représenter la pratique des exercices qu'il contient et êtes seul responsable de leur bonne exécution. La responsabilité de l'auteur et de l'éditeur ne saurait être engagée si une blessure survenait lors de la mise en application d'un de ces exercices.

Avant-propos

Le livre que tu tiens entre tes mains est le fruit des méthodes dont il traite. Pour le réaliser, j'ai convoqué les Sept Cavaliers du Succès : Détermination, Autodiscipline, Constance, Volonté, Enthousiasme, Foi et Persévérance. Dans la mesure où maintenant ce livre existe, je peux dire que j'ai obtenu le succès ; j'ai atteint mon objectif.

J'ai respecté toutes les étapes décrites dans cet ouvrage. Je me suis fixé un objectif aligné sur ma mission, ma vision et mes valeurs. Et j'ai appliqué toutes les stratégies et techniques que tu découvriras au fil des chapitres. J'ai rencontré des obstacles, j'ai connu le doute, j'ai fait face au découragement. Mais grâce aux Sept Cavaliers, j'ai finalement surmonté les épreuves.

L'écriture d'un livre est un projet comme un autre. Si les méthodes que j'ai suivies ont permis que tu lises ce livre aujourd'hui, alors n'importe lequel de tes projets peut bénéficier des mêmes méthodes. Tu trouveras dans ces pages des stratégies qui marchent et des exercices efficaces à faire régulièrement. Je souhaite sincèrement que durant ta lecture, tu trouves toute l'énergie de poursuivre tes rêves et de changer le monde à la tête de tes Sept Cavaliers du Succès.

Sommaire

Ouverture

La sagesse, c'est d'avoir des buts suffisamment grands pour ne pas les perdre de vue lorsqu'on les poursuit.
Oscar Wilde

Tu as eu une idée. Longtemps elle est restée dans un tiroir, sagement rangée. Mais à force d'y penser, tu en as fait un rêve, puis un projet. Tu es sûr que la réussite de ce projet te rendra heureux. Tu le sais au fond de toi. Alors tu ouvres le tiroir. Mais iras-tu jusqu'au bout ? Ou finiras-tu par descendre ce projet dans la cave des regrets poussiéreux, aux côtés de quelques rêves d'enfance brisés ? Renonceras-tu au succès qui te semblait promis ?

Le succès, c'est la tournure favorable que prend une entreprise, une situation, un événement. C'est le fait d'obtenir le résultat escompté, d'atteindre l'objectif qu'on s'était fixé. Le succès est synonyme de réussite, de victoire, de triomphe. Lorsqu'on dit de quelqu'un qu'il a réussi, on pense le plus souvent à son succès financier. Pourtant dans son sens large, le succès n'est pas restreint à l'aspect pécuniaire. Il ne concerne pas que les biens matériels. On peut réussir en tant qu'expert dans son domaine de compétence. On peut réussir sur le plan de la notoriété. On peut réussir en tant que père, en tant que mère. On peut réussir de bien différentes manières, puisqu'il s'agit simplement d'atteindre son objectif. En fait, le vrai critère du succès, c'est l'intensité de la joie ressentie. Elle seule permet de déterminer si tu as réussi. Si tu n'éprouves aucune joie après avoir obtenu ce que tu désirais, alors tu ne peux parler de succès.

Derrière tout désir, il y a toujours celui d'être plus heureux. Nous visons un objectif parce que nous pensons que quand nous l'aurons atteint, nous serons plus heureux. Nous souhaitons une situation particulière parce que nous pensons que lorsque nous y serons, nous serons plus heureux. Nous désirons posséder un objet précis parce que nous pensons que lorsque nous l'aurons, nous serons plus heureux. Parfois nous le sommes effectivement, mais il arrive souvent que ce ne soit pas le cas. Et lorsque nous sommes plus heureux, grâce à une situation, grâce à quelqu'un ou grâce à un objet, ça ne dure pas forcément très longtemps.

C'est à cause de ce que les psychologues appellent « l'habituation hédonique » : nous nous habituons rapidement à une situation heureuse, au point de ne plus y trouver de bonheur. Une étude a montré que les gens qui se marient sont plus heureux pendant deux ou trois ans[1]. Ensuite, ils retombent au niveau de bonheur qu'ils avaient avant le mariage. L'habituation hédonique se vérifie encore plus pour un bien matériel que pour une expérience de vie. Achète un tableau qui te fait envie, et très vite il n'aura plus ton attention : il fera partie des meubles. Tu ne le verras plus. Ou plutôt, tu le verras trop.

Tout cela se produit parce que nous plaçons le bonheur au bout du chemin, à l'extérieur de nous, à la fin d'un projet. Nous en faisons l'objectif. Nous comptons sur les situations extérieures pour nous rendre heureux. Alors qu'en vérité, notre manière personnelle d'aborder l'existence a une influence quatre fois plus importante sur notre bonheur que les circonstances extérieures. Nous pensons que le succès rend plus heureux. Mais c'est le contraire : c'est le bonheur qui mène à la réussite. Le bonheur doit être placé au début, et non à la fin. Il ne dépend que de nous. Il est en nous et ne demande qu'à être stimulé. Mettons le bonheur au début du chemin et il deviendra le chemin. Commençons par être heureux… Maintenant. Arrêtons de poursuivre le

---

[1] Sonja Lyubomirsky, *Qu'est-ce qui nous rend vraiment heureux ?* Pocket, 2015.

bonheur : il courra toujours plus vite que nous. Le bonheur n'est pas une quête, c'est une attitude. Fais du bonheur ton chemin. Ensuite seulement, pense à ton projet et à ton objectif.

Selon Napoleon Hill, « Il existe deux façons de vivre sa vie. L'une consiste à servir de cheval à la vie ; l'autre consiste à tenir le rôle de cavalier en faisant de la vie sa monture. À chacun de choisir d'être cavalier ou cheval, mais une chose est certaine : si tu ne choisis pas de devenir un cavalier de la vie, tu seras forcé de lui servir de monture[2]. » Dans ce livre, je te propose de chevaucher la vie en l'honorable compagnie des Sept Cavaliers du Succès.

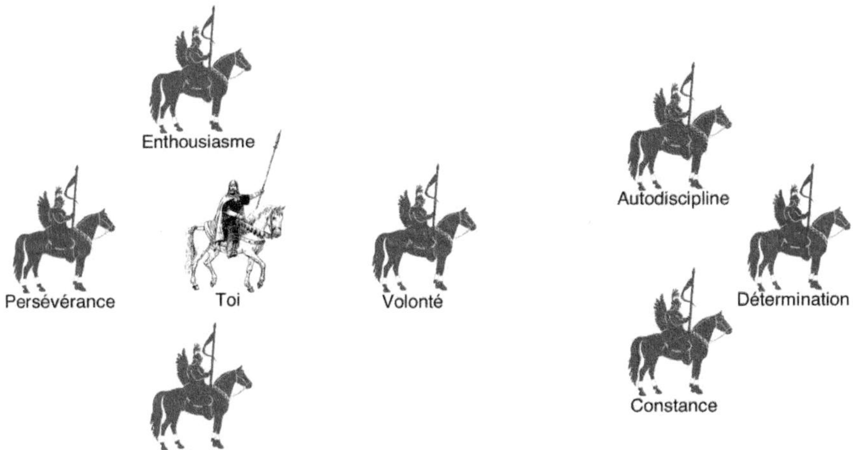

Figure 1. Les Sept Cavaliers du Succès et Toi.

[2] Napoleon Hill, *Les lois du succès tome 4*, Performance, 2012.

Je t'invite à vivre une épopée, une épopée dont tu es le héros et que toi-même écriras. Comme tout héros qui se respecte, il te faut des alliés pour t'aider à combattre les ennemis qui ne manqueront pas de gêner ta course : ce seront les Sept Cavaliers du Succès. Imagine-les à tes côtés, chevauchant vers les sommets avec l'assurance des conquérants. Ils sont là pour te servir et te secourir. Certes ils ne sont pas bavards – sans doute pensent-ils que la parole freine les actes et tue la vigilance – mais ils sont de la meilleure compagnie.

Voici d'abord, loin devant à l'avant-garde, le Cavalier de la Détermination. Penché en avant, à peine assis sur sa selle – même quand il n'est pas au galop – son pas est ferme et décidé. La visière ajustée, mâchoires serrées, il scrute l'horizon interrogeant le moindre brin d'herbe. Jamais il ne regarde sur les côtés. Le Cavalier de la Détermination a accompagné de nombreux explorateurs. On raconte qu'il était présent le 10 novembre 1871, lorsque Morgan Stanley retrouva le Docteur Livingstone, disparu depuis cinq ans au fin fond de la Tanzanie, au bord du Lac Tanganyika. Le rôle d'éclaireur du Cavalier de la Détermination est de t'ouvrir la voie, de la tracer même dans les terres inconnues, taillant l'hostilité des lianes entrelacées.

Juste derrière cette avant-garde, en premier soutien, avance le Cavalier de l'Autodiscipline. Il se tient on ne peut plus droit, d'une assiette parfaite, poitrine pointant vers le haut. Son étalon lipizzan, à la robe gris clair, connaît sur le bout des sabots toutes les figures de l'École Espagnole de Vienne. Le Cavalier de l'Autodiscipline est le saint patron des preux guerriers et des sportifs sérieux. Après plusieurs années de préparation assidue de son protégé, il a pu assister, depuis les tribunes des Jeux Olympiques de Berlin en 1936, aux quatre médailles d'or éclatantes de l'athlète noir Jesse Owens, raflées sous la moustache d'Adolf Hitler. Coach hors pair, le Cavalier de l'Autodiscipline t'aidera à respecter les règles et à te maintenir en forme. Son rôle dans ton expédition est de border ta voie avec toute la rigueur dont il sait faire preuve.

En deuxième soutien de l'avant-garde se trouve le Cavalier de la Constance. Modeste, discret, vêtu sobrement, il semble avancer lentement, prenant son temps. Et pourtant il ne va pas moins vite qu'un autre ; sans doute parce qu'il est régulier. Tous les artistes qui ont franchi leurs premières années d'apprentissage le doivent à ses leçons. Ceux qui n'ont pas voulu l'écouter ont quitté la route trop tôt. C'est en son hommage qu'Auguste Renoir aurait prononcé ces mots : « Ce dessin m'a pris cinq minutes, mais j'ai mis soixante ans pour y arriver. » Le rôle de l'humble Cavalier de la Constance dans ton équipe est de niveler la voie et de la baliser, à l'aide de bornes et de signaux tracés dans la terre ou sur les arbres. Grâce à lui, tu sauras toujours où aller, où mettre les pieds.

Le Cavalier de la Volonté, qui te devance de quelques pas, fait, lui, partie de ta garde rapprochée. Plutôt tassé sur sa selle, la tête rentrée dans les épaules, enveloppé dans sa cape, il est constamment sur le qui-vive. Tu le verras souvent tourner la tête d'un côté et de l'autre, d'un coup sec, tel un faucon, l'œil vif et grand ouvert, donnant l'impression d'embrasser l'espace à 360 degrés. Le Cavalier de la Volonté est la vigilance personnifiée. Il a l'âme d'un guetteur. Nombreux sont les gourmands, les boulimiques, les fumeurs qui font appel à lui. Il est vu très souvent dans les cercles des Alcooliques Anonymes. Parce qu'il ne fit pas appel à lui, Ulysse dû se faire attacher au mât de son navire pour ne pas céder à la musique enjôleuse des sirènes du détroit de Messine. Le Cavalier de la Volonté te protège des attaques, désamorce les tentations, détruit les distractions, parfois même avant qu'elles ne t'apparaissent, parce qu'il sait les débusquer dans les moindres fourrés, malgré leurs sournois camouflages. Sa vigilance t'aidera à rester concentré entièrement sur la voie, la tête droite.

Sur ton aile gauche, marche Le Cavalier de l'Enthousiasme, nonchalamment perché sur son pur-sang et vêtu d'une tenue flamboyante, toujours chantonnant ou sifflotant quelqu'air entraînant. Personne ne l'a jamais vu se fâcher, ni même s'assombrir. Jamais blasé, tel un enfant qui découvre le monde, il s'émerveille de tout : d'une mouche, de la pluie, d'une pierre. Pour lui, tout est miracle et la vie n'est qu'un jeu. On le trouve toujours à l'arrivée des vainqueurs : il fut le premier à embrasser Florence Arthaud lorsqu'elle pulvérisa en 1990 le record de la traversée de l'Atlantique Nord à la voile en solitaire. Le Cavalier de l'Enthousiasme embellit les abords et fleurit la voie devant toi. Chaque jour, il soutiendra ton moral y compris sous les plus funestes auspices.

Sur ton aile droite, chevauche le Cavalier de la Foi. Tout de blanc vêtu jusqu'aux gants, il n'est pas si austère qu'on le dit. Tu le devines à ce sourire « jocondien » qu'il esquisse lorsque tu le regardes. Le visage paisible, le regard bienveillant, le geste épuré, il mène sa monture par simple intention. Son cœur parle d'une force que le geste ne saurait égaler. On le dit derrière chaque miracle ; c'est dire son pouvoir immense. Dans leurs interviews, les seize survivants du crash de la cordillère des Andes en 1972 (vol 571) ont souvent exprimé à demi-mots sa présence à leurs côtés. Le Cavalier de la Foi voit loin devant, à travers les obstacles, au-delà des montagnes. Avec lui pour compagnon, tout te sera possible. Tant que tu croiras en lui, il sera là.

Fermant la marche, campé sur sa robuste monture, le Cavalier de la Persévérance assure ton arrière-garde. Le visage carré, le corps endurci, mais le regard doux, il n'a jamais connu le renoncement. Sa bonté, sa gentillesse, son indulgence cachent une résilience à toute épreuve et un courage exemplaire. Il assiste tous les chercheurs, tous les inventeurs, peu importe leur domaine de recherche, peu importe qu'ils trouvent ou non : Marie Curie pour la chimie, Hedy Lamarr pour les transmissions, Sophie Germain pour les mathématiques… Il les a soutenues à chacune de leurs tentatives. Il leur a donné le courage de recommencer encore et encore. Le Cavalier de la Persévérance n'a pas son pareil pour contourner les obstacles parce qu'il a su les anticiper. Il surveille tes arrières. Il t'aidera à te relever quand tu chuteras. Si tu tombes sept fois, il te relèvera huit.

Ce qui unit ces Sept Cavaliers, c'est l'amour qu'ils ont pour toi. Ils t'aiment d'un amour inconditionnel. Aucun d'eux jamais ne te jugera. Quoi que tu fasses, quoi que tu dises, quoi que tu penses, ils valideront. Car tes erreurs comme tes succès font partie de ton apprentissage. Les Sept sont avant tout des pédagogues, les enseignants de la vie. Ils veillent à ce que tu sois toujours en mouvement. Car il y a bien pire que l'erreur : c'est l'inaction. L'inaction est sans risque, mais elle n'enseigne rien et rend la vie pauvre. C'est pourquoi ne reste pas dans le doute qui est mère de l'inaction. Et marche. Si finalement ce n'est pas la bonne direction, tu auras au moins appris une chose : c'est qu'il te faut en essayer une autre. Et les Sept Cavaliers t'aideront sur une autre voie avec la même passion.

Cependant, prends bien conscience que les Sept Cavaliers, qui constituent cette petite armée autour de toi, ne sont que le reflet de ton état d'esprit, de tes pensées conscientes ou inconscientes. Ils sont la matérialisation de tes sentiments à un instant donné. Ils sont l'extériorisation de ton état interne. Tu portes en toi l'âme de chacun de ces cavaliers. L'efficacité tactique de cette équipe ne dépend que de toi. Tu en es le chef. C'est toi qui diriges, c'est toi qui décides. Aucun de ces cavaliers ne prendra d'initiative à ta place.

Tous connaissent leur mission respective à tes côtés, mais la manière dont ils la remplissent est fonction de ce que tu vis au fond de toi et de ce que tu transmets. Tu es pleinement responsable de la façon dont les Sept Cavaliers s'acquittent de leur mission. Ils sont sur le même chemin que toi, le tien. Mais c'est toi qui fixes l'objectif, élabores la stratégie, conçois le plan d'action. C'est toi le responsable du projet qui en assumes toutes les conséquences.

Les Sept Cavaliers te montrent qui tu es et ce que tu peux changer. Si l'un d'eux faiblit, regarde en toi : c'est là qu'est la solution. Car c'est en toi qu'il est nécessaire de changer quelque chose, nulle part ailleurs. Si le Cavalier de la Volonté ne réussit pas à faire barrage à toutes les tentations, mets en place dans ta vie quotidienne l'une des stratégies expliquées dans la suite de ce livre, pour rendre ta volonté plus résistante. Tout changement opéré en toi se répercutera dans le comportement de tes cavaliers.

Gandhi disait : « Sois le changement que tu veux voir dans le monde. » J'ajouterais : « et plus particulièrement dans tes Sept Cavaliers. » Soigne-les et ils te serviront ; néglige-les et ils déserteront. Plus ils seront efficaces dans leurs missions, moins tu auras besoin d'intervenir pour les recadrer. C'est ton intérêt de les rendre autonomes pour pouvoir te concentrer à cent pour cent sur ton objectif.

Chacun des Sept Cavaliers du Succès fera l'objet d'un chapitre. Chaque chapitre t'expliquera l'importance d'avoir à tes côtés un cavalier en particulier. Tu mesureras à quel point son absence serait préjudiciable et tu sauras apprécier tous les avantages qu'il peut t'apporter. À l'intérieur d'un chapitre, tu trouveras cinq stratégies à mettre en place dans ta vie, et cinq exercices à pratiquer régulièrement, pour rendre ton cavalier plus fort. Une stratégie est un comportement, une attitude, un état d'esprit à adopter. Un exercice est un processus à suivre une fois, plusieurs fois ou régulièrement. Ne te sens pas obligé d'appliquer toutes les stratégies et tous les exercices dès le début. Il s'agit simplement d'un choix qui t'est proposé. À toi de procéder selon tes besoins, tes envies et tes disponibilités. Tu pourras toujours introduire de nouvelles stratégies ou de nouveaux exercices par la suite.

Enfin, chaque chapitre se termine par l'histoire d'une personnalité qui illustre le rôle d'un Cavalier. Chacune de ces personnalités a su tirer le plus grand profit des Sept Cavaliers du Succès, mais chaque histoire montre la prépondérance de l'un d'entre eux en particulier. Lorsque tu seras arrivé au bout de ce livre, tu trouveras en bonus dans l'épilogue, l'incroyable et très inspirante histoire de Michael Edwards, qui défie l'imagination.

Tu pourrais d'ailleurs t'étonner de ne pas trouver de chapitre entièrement consacré à l'imagination ou à la visualisation, selon le nom qu'on veut lui donner, alors que des livres entiers traitent du sujet. C'est qu'elle est omniprésente, transversale. Elle traverse absolument tous les chapitres, du début à la fin. C'est le secret de l'efficience de chacune des stratégies et des exercices cités dans cet ouvrage. Si tu sais lire entre les lignes, tu croiseras l'imagination au détour de la plupart des paragraphes, comme un leitmotiv. Lis donc ce livre avec l'idée de faire intervenir la visualisation aussi souvent que possible. Tes résultats seront d'un bien meilleur niveau. Un dernier conseil : pratique régulièrement ! Agis toujours de ton mieux. Et souviens-toi :

C'est ta pensée qui dirige !

I

Le Cavalier de la Détermination

Se battre ne suffit pas. C'est le courage qu'on met dans le combat qui en détermine l'issue. C'est le courage qui remporte la victoire.

George Marshall

Loin devant, à l'avant-garde, marche le Cavalier de la Détermination. Penché en avant, à peine assis sur sa selle – même quand il n'est pas au galop – son pas est ferme et décidé. La visière ajustée, mâchoires serrées, il scrute l'horizon interrogeant le moindre brin d'herbe. Jamais il ne regarde sur les côtés. Son rôle d'éclaireur est de t'ouvrir la voie par tous les moyens, de la tracer même dans les terres inconnues.

La détermination est fondamentale pour pouvoir organiser un déploiement d'énergie à moyen ou à long terme. Napoléon Bonaparte, expert en la matière, proclamait : « La plus vraie des sagesses est une détermination ferme. ».

Le mot détermination vient du latin classique *determinatio* qui signifie : « fixation d'une limite, d'une fin ». Être déterminé, c'est donc avant tout fixer une fin à un projet et rester ferme dans l'exécution de ce qu'on a arrêté.

La détermination est affaire d'engagement : l'engagement d'aller jusqu'au bout. C'est se caler sur un cap immuable. Le Cavalier de la Détermination reste concentré sur l'objectif et se donne les moyens de l'atteindre coûte que coûte. Ne pas faiblir, ne pas s'arrêter, ne pas abandonner. Toujours avancer, la vision en tête, jusqu'à la cible.

La détermination, c'est aussi un état d'esprit. Un état d'esprit qui favorise la chance, convoque les meilleures circonstances et attire le succès. Et comme un muscle – aussi étrange que cela puisse paraître – la détermination peut être renforcée par un entraînement régulier qui la rendra solide autant qu'affûtée.

Es-tu vraiment déterminé ?

Sans le Cavalier de la Détermination, n'espère pas atteindre un objectif à long terme, ni même à moyen terme. Si ta détermination n'est pas de haut niveau, tu flancheras bien avant la ligne d'arrivée, et peut-être longtemps après le départ (dans ce cas, tu auras vraisemblablement perdu beaucoup de temps, d'énergie et probablement d'argent). Ou alors, ce qui n'est pas mieux, ton projet s'éternisera, s'étirera en longueur sans franchir d'étapes concrètes, sans bénéfices d'aucune sorte, et finalement agonisera sans même être officiellement enterré. Triste fin !

La première chose à faire après avoir fixé ton objectif est d'évaluer ta détermination. Il est crucial que tu saches où tu en es, et ce dès le début, tant que tu peux encore prendre des mesures salvatrices. Estime sur une échelle de zéro à dix ton niveau de détermination. Zéro signifiant : « je ne suis pas du tout déterminé ». Et dix étant : « je suis totalement déterminé. » Sois spontané dans ta réponse ; ne réfléchis pas trop longtemps. Ressens simplement si le premier chiffre qui te vient à l'esprit te paraît juste. Ressens-le dans ton corps, dans ton ventre. Te sens-tu à l'aise avec ce chiffre ?

Si ton score est égal ou supérieur à huit, tout va bien : lance-toi avec assurance. Tu as l'entrain suffisant pour t'assurer les meilleures chances de succès. Tu n'as plus qu'à te maintenir à ce niveau minimal durant toute la durée de ton projet. C'est encore mieux si tu peux l'augmenter un peu. En revanche, si la note de ta détermination est en dessous de huit, tu vas devoir prendre une décision : abandonner ou renforcer ta détermination. Il ne serait pas raisonnable de démarrer un projet de longue haleine avec un Cavalier aussi faible. Ce serait voué à l'échec à plus ou moins long terme.

Avec une détermination à moins de cinq sur dix, mieux vaut généralement abandonner tout de suite, sans chercher à redresser le niveau. En partant de si bas, il est très rare de réussir à remonter au seuil minimum de huit. De cinq à sept cependant, tu peux envisager de travailler à renforcer ta détermination avec plus ou moins de bonheur. Demande-toi sérieusement ce qui pourrait la faire monter. Lorsque tu auras trouvé, mets la solution en œuvre, puis procède à une nouvelle évaluation. Ne te lance que lorsque la jauge est au minimum à huit. Ne démarre jamais un projet si ta détermination est en dessous de ce chiffre. Plus tard, durant le parcours, teste régulièrement ta détermination. Elle ne doit jamais rester longtemps inférieure au seuil minimum vital de huit sur dix, faute de quoi considère que l'abandon est imminent.

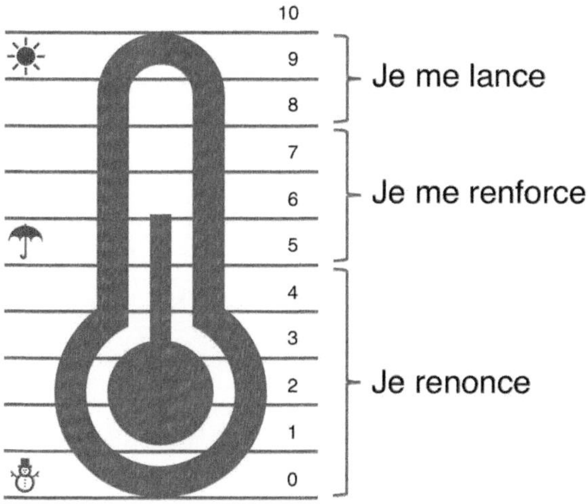

Figure 2. L'évaluation de la détermination.

Il y a deux raisons qui font qu'en début de projet la détermination n'est pas à un niveau qui permette d'envisager une issue heureuse. La première est que le projet n'est pas assez ambitieux. Il n'est donc pas assez excitant pour susciter chez toi un vif intérêt et donc une solide détermination. Le remède dans ce cas est d'élever l'objectif de quelques crans jusqu'à ce que ta détermination franchisse la barre du huit et que tu te dises : « Ah oui ! Là, ça me plaît ! C'est vraiment excitant ! » La deuxième raison est qu'au contraire le projet est trop ambitieux. Tu te sens écrasé sous son poids. Tu ne vois pas la possibilité de réussir dans les conditions prévues. Diminue alors tes exigences jusqu'à atteindre le bon niveau de détermination ou divise simplement ton entreprise en plusieurs sous-projets plus accessibles.

Sans engagement

Une extrême indigence du Cavalier de la Détermination a plusieurs conséquences fatales. Certaines ont une incidence sur le projet, d'autres, et c'est plus grave, peuvent malheureusement avoir un impact direct sur ton état d'esprit. Les dégâts sur ta personnalité peuvent être vraiment sérieux, au point que tu pourrais mettre du temps à t'en remettre.

La première conséquence d'un manque de détermination est la fameuse procrastination. Si tu n'es pas assez déterminé, tu auras tendance à repousser de jour en jour les actions à mener pour atteindre ton objectif. Et bien sûr, ton projet n'avancera pas comme il devrait. Tu risques de culpabiliser. Ce qui entraînera un épuisement mental et peut-être des comportements compensatoires.

La deuxième conséquence est le risque sérieux d'abandon en cours de route. Plus l'abandon est tardif, plus il est pénalisant compte tenu des dépenses déjà engagées : en temps, en énergie et en argent. Il est bien rare d'arriver au bout d'un long projet en étant peu déterminé. Et si par hasard c'était le cas, ta joie ne serait sûrement pas à la hauteur de l'énorme effort fourni pour te traîner jusqu'à la fin.

Un autre effet du manque de détermination est l'inefficacité. Une tâche qui pourrait ne prendre qu'une session d'une heure t'occupera jusqu'à trois heures ou plus en plusieurs fois. Défaut de productivité, désorganisation, maladresse, oublis répétés, négligence auront inévitablement un impact sur la qualité de ton projet.

Si finalement tu n'abandonnes pas, ce qui n'est pas forcément souhaitable, le risque est alors d'accumuler un retard phénoménal à chacune des étapes du projet. Un retard, aggravé par l'inefficacité et la procrastination, qui s'allongera au fur et à mesure que se rapprochera (ou que s'éloignera) la fin de ton projet. Car on le sait, les finitions prennent toujours plus de temps que ce que l'on avait prévu.

Autre conséquence : la fatigue. À cause des efforts peu rentables déployés pour réaliser les différentes tâches, à cause de la durée du projet qui s'éternise. À cause de la difficulté à s'y mettre chaque fois, par manque de conviction. Tout cela fait croître dangereusement la charge mentale. Et cette fatigue pourrait s'achever en épuisement ou en *burnout*, dont on sait qu'il faut parfois plus d'un an pour s'en remettre.

Cette fatigue accumulée entraîne elle-même un manque de clarté d'esprit, des difficultés à se concentrer qui mènent à l'indécision, c'est-à-dire à l'incapacité de prendre des décisions rapides, tranchées et motivées. Un handicap dont peuvent découler nombre d'erreurs stratégiques aux répercussions irréversibles.

Être déterminé, c'est prendre un engagement : l'engagement d'atteindre l'objectif. L'engagement de toujours avancer, quoi qu'il arrive, sans jamais abandonner. C'est un contrat avec toi-même. Il est très important que tu tiennes ton engagement. Car un engagement non tenu fera baisser ton estime de soi : c'est la septième conséquence. Et avec une estime de soi affaiblie, il te sera difficile de démarrer un autre projet, et peut-être même d'avoir des relations saines avec les autres.

Cinq stratégies pour affermir ta détermination

Évalue ta détermination

Pour être sûr d'aller jusqu'au bout de ton projet, tu devras rester déterminé durant toute sa durée. Il pourra arriver momentanément que ton Cavalier de la Détermination faiblisse, mais fais en sorte que cela dure le moins longtemps possible. Prends l'habitude de jauger régulièrement ta détermination. Et veille à ce qu'elle reste en permanence au minimum à huit sur dix. Dès que son niveau passe en dessous de huit, travaille aussitôt à le remonter. Plus ta détermination est élevée, plus grandes sont tes chances de réussite.

Comme n'importe quel état d'esprit ou aptitude mentale, la détermination peut se renforcer. Nous verrons plus loin quels exercices tu peux avantageusement pratiquer pour la muscler durablement et la maintenir au meilleur niveau. Une fois renforcée, ta détermination deviendra une qualité intrinsèque qui ne sera que très peu, voire pas du tout, influencée négativement par les circonstances extérieures. Elle sera tellement affûtée que des situations défavorables pourraient même te galvaniser. « Tout obstacle renforce la détermination. », disait Léonard de Vinci. De même qu'une pierre peut aiguiser la lame qui s'y frotte.

Je ne connais personne qui ait mené à bien un projet de longue haleine avec une faible détermination. Moi-même j'ai abandonné bien des projets pour cette simple raison. Parce que ma détermination est restée au plus bas niveau pendant trop longtemps et que je n'ai rien fait pour la remonter. Si j'avais su l'évaluer avant, j'aurais sûrement renoncé à poursuivre. Et j'aurais bien fait : j'aurais économisé du temps, de l'énergie et de l'argent. J'en aurais quand même tiré des leçons, mais j'aurais payé moins cher.

Apprends à dire non

La détermination est une affaire d'engagement. Afin de ne pas émousser ta détermination, ne prends que des engagements que tu es sûr de pouvoir tenir. Mieux vaut de petits engagements faciles à honorer plutôt qu'un lourd engagement, éventuellement valorisant, mais très risqué à boucler. Honorer tes engagements créditera ton tableau de victoires, renforcera ton assurance et raffermira ta détermination. Car plus on gagne et plus on est déterminé à gagner. La victoire appelle la victoire.

Lorsque tu penses qu'un engagement pourrait être difficile à tenir, songe à y renoncer. Il faut savoir parfois dire non, même si tu aimerais pouvoir tout faire. Car les conséquences d'une défaillance sont énormes. Si tu ne tiens pas tes engagements, tu passeras auprès de tes partenaires pour une personne peu fiable qui n'est pas digne de confiance. Une fois échaudés, il y a peu de chances qu'ils te fassent à nouveau confiance et te proposent d'autres collaborations. Par ailleurs, tu pourrais te sentir coupable ou au mieux mal à l'aise. Ce qui fera baisser ton estime de soi et affaiblira ta détermination.

Si tu fais partie des gens qui ont du mal à dire non, identifie les peurs ou les croyances qui déclenchent chez toi ce comportement. Et travaille dessus, de préférence avec un coach. Si tu es tenté de dire oui à une demande, mais à regret, accorde-toi un moment de réflexion. À chaque sollicitation, réponds simplement : « Je vais réfléchir. » Cela te laissera le temps de renforcer ta détermination. Entraîne-toi à dire non sans te justifier. C'est difficile au début, mais c'est un excellent moyen de se forger une détermination en acier trempé. Personne ne t'aimera moins. Au contraire, tu seras plus respecté, parce que tu te seras respecté. Prends conscience que dire non aux autres, c'est se dire oui à soi. Tu as le droit de te dire oui.

Fixe-toi des délais

Se fixer des délais, des échéances, aide aussi à améliorer sa détermination. Fixe-toi des délais à toutes les étapes de ton projet, pour la moindre tâche. Si tu ne te fixes pas de délais, tu n'auras pas de sérieuses raisons d'avancer dans ton projet. Tu prendras ton temps et probablement que rien n'avancera. Comme tu n'auras pas d'impératifs pour cette tâche ou cette étape, tu trouveras toujours quelque chose d'autre à faire, de plus urgent ou de plus amusant. Le temps passe très vite. Avant que tu réalises que tu n'as pas beaucoup avancé, il se sera passé un mois, un an ou plus.

Une tâche – *a fortiori* un projet – se comporte comme un gaz : elle prend la place qu'on lui offre. Si tu te donnes une semaine pour écrire un article de 3 000 signes, il te faudra effectivement une semaine. Mais si tu ne t'accordes qu'une journée ou deux, il est probable que tu réussisses à tenir ; et ton article ne sera pas forcément moins bon. Choisis des échéances aussi courtes que possible. Des échéances courtes que l'on se fixe soi-même font croître la détermination ; l'urgence raisonnablement forcée peut faire gagner en efficacité.

J'ai commencé la rédaction de mon premier livre en juillet 2015. Et je l'ai terminé en octobre de la même année parce que je m'étais fixé une limite. Mais je ne l'ai publié qu'en décembre… 2019. Parce que je n'avais pas planifié la suite : recherche d'un préfacier, correction, mise en page, design de couverture, impression. J'ai écrit mon livre en quatre mois parce que c'était mon objectif. Et j'ai mis quatre ans (au lieu d'un mois) à le publier, parce que je n'avais pas inscrit cette étape en priorité dans mon agenda ; je trouvais toujours mieux à faire.

Repousse tes limites

Il est parfois souhaitable, pour forger sa détermination, de savoir repousser un peu ses limites. « Seuls ceux qui prennent le risque d'aller trop loin peuvent vraiment savoir jusqu'où aller. », a dit le poète T. S. Eliot. C'est ce que font les grands sportifs. Chaque fois qu'ils réussissent une performance, ils cherchent à faire encore mieux, toujours mieux. Et lorsqu'ils y sont arrivés, ils veulent aller plus loin. C'est le meilleur moyen de progresser. Après la satisfaction d'une performance accomplie, revois tes ambitions à la hausse.

Il ne s'agit pas de sortir de ta zone de confort comme on l'entend souvent dans les conseils de motivation. Mais plutôt d'« élargir » ta zone de confort : repousser légèrement la limite et évoluer à l'intérieur de ce nouveau périmètre jusqu'à te sentir rapidement et complètement à l'aise. L'objectif est de te retrouver à terme dans une zone de compétence élargie, plutôt que de te maintenir complaisamment dans le principe de Peter[3]. Il s'agit avant tout de conquérir un nouveau territoire.

Réduit à sa plus simple expression, un projet comprend trois dimensions : le coût, le délai et la qualité. Essaye de temps en temps d'élargir tes limites dans l'une de ces trois dimensions, tout en préservant les deux autres. Et demande-toi ce que tu peux faire pour te dépasser, pour faire un peu mieux que ce que tu avais prévu, un peu mieux que d'habitude. C'est ce qu'illustre Napoleon Hill : « Le chêne le plus fort de la forêt n'est pas celui qui est protégé de la tempête et caché du soleil, mais celui qui se tient debout en plein vent, où il est forcé de lutter pour son existence contre les éléments et le soleil ardent[4]. »

Prends des décisions fermes

« Celui qui ne peut prendre une décision promptement, dès qu'il détient tous les faits nécessaires pour ce faire, ne possède pas la fiabilité pour mener à bien la décision qu'il

---

[3] « Dans une hiérarchie, tout employé a tendance à s'élever à son niveau d'incompétence. » Laurence J. Peter, *Le principe de Peter*. Librairie Générale Française, 1970.
[4] Napoleon Hill, *Les lois du succès tome 3*, Performance, 2012.

doit prendre. », c'était le credo du maître de l'acier Andrew Carnegie. Lorsqu'en 1908, Andrew Carnegie fait la connaissance de Napoleon Hill, il lui propose une mission : interviewer les Américains ayant le mieux réussi et dégager de leurs expériences des principes applicables par tout le monde pour s'accomplir. Andrew Carnegie s'engage à ouvrir à Napoleon Hill son carnet d'adresses et à couvrir ses frais de déplacement, sans autre compensation financière. Napoleon Hill met exactement vingt-neuf secondes pour accepter la proposition. Andrew Carnegie lui avouera plus tard que s'il avait mis plus de soixante secondes, l'offre eût été caduque.

Tu ne disposeras quasiment jamais de toute la connaissance. À un moment, tu devras prendre une décision avec sa part d'inconnu et t'y tenir. C'est ainsi que tu deviendras un décideur aguerri. On parle souvent de peser le pour et le contre. Voici un outil qui t'aidera dans ta prise de décision. Il s'agit de peser le pour… et le pour ! C'est l'outil que j'utilise pour des choix difficiles. Plutôt que de faire deux colonnes, une « pour », une « contre », trace deux colonnes « pour ». Par exemple, si tu envisages de déménager, délimite tes deux colonnes sur une feuille de papier : à gauche « pour déménager », à droite « pour rester ». De cette manière, tu feras toujours un choix positif, sachant que les avantages d'une solution se traduisent très souvent en inconvénients de l'autre.

Combien ça paye ?

En suivant scrupuleusement ces stratégies, tu te donneras de sérieuses chances de réussir à atteindre tes objectifs. Rien ne t'oblige à toutes les suivre, cependant plus tu t'appliqueras à le faire, plus tu engrangeras de bénéfices. Cela pourra te paraître fastidieux au début, mais rapidement ces comportements deviendront une seconde nature. Tu ne te poseras plus la question ; tu le feras parce que ça marche. C'est aussi simple que ça.

Les premiers bénéfices se manifesteront au niveau de ta clarté d'esprit. La détermination t'amènera une lucidité qui facilitera tes prises de décision. Entre plusieurs solutions, tu sauras toujours faire le bon choix, qu'il soit rapide ou mûrement réfléchi. Parce que tu sauras avec certitude où tu vas. Parce que tu auras une vision claire, et que tu n'auras pas de mal à prendre le chemin qui te rapprochera de ton objectif dans les meilleures conditions.

Mais le plus gros bénéfice, et de loin, c'est que le Cavalier de la Détermination favorise la chance. C'est ce qu'a observé l'alpiniste W. H. Murray[5] : « Jusqu'au moment où l'on s'engage, il n'y a qu'hésitation, occasion de renoncer, et toujours inefficacité. Concernant tous les actes exigeant initiative (et création), il est une vérité élémentaire dont l'ignorance tue d'innombrables idées et de magnifiques projets : c'est qu'à l'instant où l'on s'engage pour de bon, alors la Providence se met aussi en mouvement. Toutes sortes d'aides interviennent qui, autrement, ne se seraient jamais manifestées. Un vaste courant d'événements découle de cette décision, plaçant sur notre chemin toutes sortes d'aventures et de rencontres imprévues, de soutiens matériels, dont aucun n'aurait osé rêver[6]. »

Avec une détermination à toute épreuve, en cas de difficultés, ta créativité sera stimulée pour trouver des solutions innovantes. Si une possibilité d'atteindre ta cible disparaît, tu ne penseras même pas à te lamenter. Galvanisé, tu échafauderas un autre plan pour arriver à tes fins. Peut-être même auras-tu anticipé. La créativité n'explose parfois jamais mieux que lorsqu'on est au pied du mur, dans une situation qui paraîtrait à d'autres

---

[5] William Hutchinson Murray (1913-1996) était un alpiniste et écrivain écossais.
[6] W. H. Murray, *The Scottish Himalayan Expedition*, J. M. Dent & Co, 1951.

désespérée. Encore faut-il avoir suffisamment de détermination pour surmonter les déceptions.

La détermination efface miraculeusement la fatigue, ou tout au moins retarde son apparition. Grâce à elle, tu seras capable de travailler de longues heures d'affilée sans faiblir une seconde, n'ayant rien d'autre en tête que ton objectif. Le temps passe si vite lorsqu'on est concentré sur sa cible. Cela dit, ne repousse pas trop les limites du sommeil si tu es sur un projet marathon. Prends le temps de te reposer : les batteries de la détermination ont besoin de se recharger de temps à autre.

Quoi qu'il en soit, que tu te donnes à fond ou raisonnablement, tu seras toujours plus efficace en étant déterminé. Parce que tu analyseras plus vite, tu réfléchiras plus vite, tu décideras plus vite et tu passeras à l'action plus vite, achevant tes tâches de manière précise, avec un sens de l'organisation exemplaire. Tu gagneras du temps grâce à un travail intense, pointu, produisant le maximum en un minimum de temps.

Ce qui a de fortes chances de t'amener à respecter les délais. C'est le bénéfice de l'efficacité. Lorsque ton Cavalier de la Détermination est à son meilleur niveau, tu mets en œuvre ce qu'il faut pour respecter les échéances. Ce faisant, tu respectes tes engagements, qu'il s'agisse d'engagements avec toi-même ou avec une tierce partie. Et tu nourris au passage ton estime de soi. N'est-ce pas agréable de finir son travail dans les temps ?

Mais finalement peut-on encore parler de travail ? Ce ne sera pas toujours facile, c'est vrai : il y aura des tensions, des crises, des doutes. Mais finalement, ce sera comme un jeu. Et dans n'importe quel jeu, il y a des phases délicates, des situations déroutantes. C'est bien pour ça que c'est amusant. Parce qu'il y a des défis à relever, et que grâce à ton état d'esprit, tu es convaincu que tu pourras y arriver. L'important est de garder le recul nécessaire pour prendre du plaisir. L'excitation sera alors très souvent présente.

Un autre bénéfice, et non des moindres, d'une détermination de haut niveau, est l'accroissement de la confiance en soi, un sentiment qui favorise la réussite à tous les niveaux et la relation avec les autres. Le miracle, c'est que la confiance en soi soutient la détermination C'est un cycle éminemment vertueux : plus de détermination entraîne plus de confiance en soi, plus de confiance en soi implique plus de détermination.

Cinq exercices de détermination

Le tableau de rêves

Le tableau de rêves est un excellent moyen de rester déterminé. Cherche dans des magazines ou sur internet des images qui symbolisent ton objectif, le succès de ton projet. Ces images peuvent aussi représenter ce que tu feras ou ce que tu obtiendras lorsque tu auras réussi. Par exemple si tu comptes voyager à l'issue de ton projet, collectionne les photos des pays que tu envisages de visiter. Dispose tes images sur un tableau ou dans un cahier dédié[7]. L'avantage du tableau, c'est que si tu l'accroches à un endroit stratégique (salle de bain, chambre, couloir, etc.), tu es sûr de le voir tous les jours en passant devant. L'avantage du cahier, en revanche, c'est que tu peux l'emmener partout avec toi, en déplacement, en voyage, et le consulter où tu veux. Si tu préfères rêver en mode 2.0, rends-toi sur le site de Mind-Movies[8]. Tu pourras y composer en quelques clics non pas un tableau ou un cahier, mais une vidéo de rêve d'environ

---

[7] Paperblanks, Carnets d'écriture, agendas [en ligne], disponible sur : < paperblanks.com > (page consultée le 2 septembre 2019). Tu trouveras sur ce site de magnifiques cahiers.

[8] Mind Movies, Positive Daily Affirmations & Digital Vision Boards [en ligne], disponible sur : < mindmovies.com > (page consultée le 2 septembre 2019). Grâce à ce site, tu peux composer des vidéos pour n'importe quel objectif : minceur, finances, retour de l'être aimé ;-)

trois minutes que tu pourras consulter à tout moment hors connexion sur ton ordinateur, ta tablette ou ton téléphone. Quelle que soit la méthode que tu auras choisie, regarde ton tableau, ton cahier ou ta vidéo chaque jour. Et surtout ressens profondément en toi la joie, le bonheur, la gratitude d'avoir atteint ton objectif et de profiter de ses heureux ruissellements. Cet exercice maintiendra ta détermination à son plus haut niveau grâce à une connexion quotidienne aux émotions liées à l'aboutissement de ton projet.

La douche froide

La douche froide est l'un des meilleurs exercices de détermination. Si tu n'es pas assez déterminé pour rester quelques secondes sous une douche froide, qu'en sera-t-il lorsque tu seras confronté à ta première difficulté dans le cadre de ton projet ? Je ne te parle pas d'égaler les exploits de Wim Hof[9], l'homme de glace[10], mais juste de passer chaque jour quelques secondes ou quelques minutes sous la douche froide, pendant seulement une semaine pour commencer. Si en plus de travailler ta détermination, tu

---

[9] Wim Hof détient le record mondial d'immersion dans la glace avec un temps de 72 minutes établi en 2008 (dans une eau à zéro degré, l'espérance de vie d'une personne non entraînée est d'environ 30 minutes).

[10] Wim Hof, Wim Hof Method [en ligne], disponible sur : < wimhofmethod.com > (page consultée le 2 septembre 2019).

veux profiter des bienfaits de la douche froide sur ta santé, il est conseillé d'y consacrer au moins trois minutes. Attention : au-delà de dix minutes, le risque d'hypothermie augmente.

À chacun sa stratégie. Certains préfèrent commencer par une douche chaude et descendre petit à petit la température jusqu'au minimum. D'autres abordent d'emblée la douche froide, mais zone par zone : d'abord les pieds, puis les jambes, les bras, la tête et enfin tout le corps. D'autres encore se jettent d'un coup sous l'eau glacée. Fais-le juste trente secondes la première fois. Puis augmente de quelques secondes chaque jour, jusqu'à trois minutes ou plus. Pour ma part, ce sont les deux premières minutes que je trouve difficiles, ensuite je peux facilement rester jusqu'à sept ou huit minutes. Pour réussir cet exercice, il ne faut pas se poser de questions. C'est en cela que cela forge la détermination. Tu le fais, non pas parce que ça te fait plaisir – et crois-moi, ça ne te fera vraiment pas plaisir au début d'entrer dans cette satanée douche – mais juste parce que tu as décidé que tu le ferais et que rien ne peut justifier un renoncement.

Le processus

Il est important pour la réussite d'un projet d'en visualiser l'aboutissement. C'est un fait avéré. Mais d'après une étude[11], il est encore plus important de consacrer du temps à la visualisation du processus lui-même. Des chercheurs ont réalisé des expériences[12] avec des basketteuses en les invitant à appliquer ce qu'ils ont appelé « la répétition du comportement visio-moteur ». Ils leur ont demandé, au cours de plusieurs sessions, de visualiser des lancers francs dans le détail. Les résultats ont montré que les basketteuses avaient ensuite un taux de réussite bien meilleur à l'occasion de véritables lancers francs durant les entraînements et les matches.

On raconte que le pilote de Formule 1, James Hunt passait, avant chaque épreuve, une bonne partie de son temps isolé à visualiser sa course. Assis par terre, les yeux fermés, un volant virtuel entre les mains, il reproduisait tous les mouvements de la compétition comme s'il était vraiment sur le circuit : accélérations, freinages, changements de vitesse, virages. Il enchaînait ainsi plusieurs

---

[11] Armor D. A. et Taylor S. E., « The Effects of Mindset on Behavior: Self-Regulation in Deliberative and Implemental Frames of Mind », *Personality and Social Psychology Bulletin*, 2003, vol. 29, n° 1, p. 86-95.

[12] Hall E. G. et Erffmeyer E. S., « The Effect of Visuo-Motor Behavior Rehearsal with Videotaped Modeling on Free Throw Accuracy of Intercollegiate Female Basketball Players. », *Journal of Sport Psychology*, 1983, n°5, p. 343-346.

tours, peaufinant chaque détail de sa trajectoire. Une fois sur la grille de départ, sa détermination était à son comble. Il fut sacré champion du monde la première année, et la seule, qu'il passa au volant d'une voiture compétitive.

Passe régulièrement du temps à visualiser mentalement ton processus, chaque jour ou chaque semaine, selon le cas. Répète en détail chaque étape, chaque geste jusqu'à obtenir une parfaite fluidité. Ta détermination et ta confiance grandiront à chaque répétition, car tu te sentiras de plus en plus maître de la situation. Au fur et à mesure, tu ne seras plus du tout intimidé par l'objectif qui te semblera pleinement à ta portée. Le jour de ta prestation, tu seras en terrain archiconnu.

Le Système Réticulé Activateur

Nous avons dans notre cerveau un filtre chargé de trier ce qui est important pour nous parmi la masse d'informations quotidiennes à laquelle nous sommes exposés et que notre conscience ne peut traiter. Ce filtre s'appelle le Système Réticulé Activateur (SRA). Ce qu'il perçoit comme important pour nous est ce à quoi nous pensons le plus souvent : nos désirs et nos peurs. C'est pour cela qu'une femme qui veut des enfants voit des femmes enceintes partout.

Pour que la SRA travaille à notre service, nous devons donc lui indiquer clairement ce que nous voulons. Et la meilleure façon de le stimuler est de poser des questions.

Chaque matin, pose trois questions en rapport avec tes objectifs prioritaires. Par exemple, si tu as le projet d'acheter une maison, tu pourrais poser les questions suivantes : 1. Qui vais-je rencontrer qui va me permettre de trouver la maison qu'il me faut ? 2. Quelle banque va m'offrir un prêt intéressant à tout point de vue ? 3. Quel entrepreneur sera le mieux placé pour faire les travaux dans ma future maison ?

Si tu te poses chaque jour les questions en lien avec tes objectifs, tu ne tarderas pas à faire les bonnes rencontres, à lire les bons livres, à te retrouver dans des situations qui te rapprocheront de ton but. Car ton SRA se sera mis au service de ton projet. Il apportera les réponses à toutes tes questions. Tout ce qui pourrait servir tes intérêts, il le présentera à ta conscience. C'est ce que certains appellent des « signes ». Sois donc vigilant. Mais attention, ton SRA ne sélectionne pas forcément ce qui est bon pour toi. Il n'est pas fait pour ça. Il ne te proposera que ce qui occupe ton esprit le plus fréquemment. À toi de contrôler tes pensées et de poser les bonnes questions.

La méditation

« La méditation est un des arts majeurs de la vie, peut-être "l'art suprême", et l'on ne peut l'apprendre de personne : c'est sa beauté. Il n'a pas de technique, donc pas d'autorité. Lorsque vous apprenez à vous connaître, observez-vous, observez la façon dont vous marchez, dont vous mangez, ce que vous dites, les commérages, la haine, la jalousie – être conscient de tout cela en vous, sans option, fait partie de la méditation[13]. » Krishnamurti nous donne là une des plus belles leçons de méditation.

Parmi les nombreux bienfaits qu'apporte la méditation, il y a le renforcement de la détermination. Ne faut-il pas être vraiment déterminé pour rester une heure ou plus assis sans bouger, sans parler, sans même penser ? Je te rassure : tu n'es pas obligé de commencer par des séances d'une heure. Des applications comme Petit Bambou[14] proposent de très courtes sessions. Il existe dans chaque ville des cours de méditation selon différentes écoles : méditation transcendantale, vipassana, zazen. Essayes-en plusieurs jusqu'à ce que tu trouves celle qui te convient le mieux. Et accorde-toi chaque jour un instant de silence, de préférence le matin entre la douche et le petit-déjeuner.

---

[13] Jiddu Krishnamurti, *Se libérer du connu*, Le Livre de Poche, 1995.
[14] Petit BamBou, Méditation par Petit BamBou [en ligne], disponible sur : < petitbambou.com > (page consultée le 2 septembre 2019).

Si tu veux aller plus loin et découvrir plus rapidement tous les bienfaits de la méditation, envisage de faire une retraite de plusieurs jours comme en propose un peu partout dans le monde le Centre Vipassana du maître de méditation Goenka[15]. Tu seras initié, nourri et logé grâce aux dons libres des méditants qui t'auront précédé. Tu reviendras plus déterminé que jamais. Une méditation quotidienne, même de quelques minutes, en vidant ton mental, consolidera ta détermination, éclaircira ton esprit et affûtera ta concentration.

Les résultats seront plus probants si tu inscris une courte séance de méditation parmi tes routines journalières, plutôt que si tu fais une longue session une fois par semaine ou une fois par mois. Si tu ne peux t'engager que pour trois minutes, ne fais que trois minutes. La méditation t'apportera tellement que tu en arriveras tout doucement à augmenter les doses. Donc mieux vaut commencer petit et laisser grandir.

---

15 Vipassana Meditation, Vipassana Meditation [en ligne], disponible sur : < dhamma.org > (page consultée le 2 septembre 2019).

Agnodice ou la Détermination

Agnodice
(vers 300 av. J.-C.)

Nous sommes en Grèce, vers 300 ans avant Jésus-Christ. Le règne d'Alexandre le Grand vient de s'achever. Dans la glorieuse cité d'Athènes, chaque jour de nombreuses femmes meurent en couche. Pourquoi ? Parce que seuls les hommes sont autorisés à pratiquer la médecine. Et les Athéniennes, dans leur très grande majorité, préfèrent par pudeur, malgré les risques énormes qu'elles encourent, se débrouiller entre elles plutôt que de faire appel à un homme. Cette situation révolte la jeune Agnodice qui décide de devenir gynécologue-obstétricienne.

À la première occasion, Agnodice traverse la mer Méditerranée pour se rendre à Alexandrie, en Égypte. Là-bas, elle pourra étudier la médecine en toute discrétion. À cette époque, sous l'impulsion de Ptolémée Ier, qui a reçu la cité en héritage à la mort d'Alexandre le Grand en 323 av. J.-C., Alexandrie est LE centre de recherche scientifique du monde hellénistique. Le grand mathématicien grec Euclide lui-même, dont les travaux sur la géométrie sont encore à la base de l'enseignement des mathématiques aujourd'hui, enseigne à Alexandrie. La ville grouille d'une population cosmopolite de cinq cent mille habitants, réunissant certains des plus brillants cerveaux de l'époque, qu'ils soient scientifiques, philosophes ou poètes. Dès son arrivée, Agnodice s'inscrit au très réputé cours de médecine de Hérophile.

Hérophile est l'un des plus grands médecins de tous les temps, chronologiquement entre Hippocrate (460-370 av. J.-C.) et Galien (129-216). Disciple de Praxagoras, lui-même élève d'Hippocrate, Hérophile est le fondateur de la toute première école de médecine du monde occidental et l'auteur de neuf traités d'anatomie. S'il est moins connu qu'Hippocrate et Galien, c'est parce que la totalité de ses ouvrages a malheureusement flambé dans le grand incendie de la bibliothèque d'Alexandrie. Grâce au fait qu'Alexandrie, contrairement à Athènes, autorise la dissection, Hérophile est l'auteur de nombreuses découvertes : la distinction des veines et des artères, la morphologie du cerveau, l'identification du système nerveux (confondu jusqu'alors avec les tendons en vertu des travaux d'Aristote), etc. Certaines de ses théories ne seront remises en cause qu'à la Renaissance quand reprendront les dissections avec André Vésale. Mais la spécialité d'Hérophile est la gynécologie, une discipline dans laquelle il excelle plus qu'ailleurs. C'est ainsi qu'on lui doit la découverte des ovaires.

Une fois ses études terminées, Agnodice revient à Athènes. Elle a bénéficié de la meilleure formation de l'époque, dans la meilleure école, avec le meilleur professeur, mais elle ne peut toujours pas pratiquer légalement. Elle est pourtant bien mieux armée en gynécologie-obstétrique que la très grande majorité des médecins de sa ville, car elle a eu la lumineuse idée de se spécialiser.

Toujours aussi déterminée, Agnodice décide de se déguiser en homme. Elle se coupe les cheveux, porte des vêtements d'homme, et s'affiche, pour exercer en tant que médecin, sous le nom de Miltiade. Malgré tout, elle se retrouve confrontée au même problème que ses confrères : la défiance des femmes à l'égard des hommes.

Mais un jour, au cours d'un accouchement particulièrement difficile, elle parvient à préserver la vie d'une parturiente vouée à une mort certaine. À partir de ce moment, le bouche-à-oreille fait son œuvre. La nouvelle se répand très rapidement dans toute la cité. À une vitesse fulgurante, Agnodice devient « LE » gynécologue d'Athènes. Toutes les femmes ne veulent avoir affaire qu'à ce jeune médecin si bienveillant, si délicat. Parce qu'en sa présence, elles se sentent confiantes, écoutées et comprises.

Le succès d'Agnodice est phénoménal. Sa patientèle croît au point de susciter la jalousie des autres médecins. Pour la discréditer, ils vont jusqu'à l'accuser, avec une mauvaise foi éhontée, de séduire et d'abuser des femmes mariées. Un comble ! L'accusation est très grave, car dans le serment d'Hippocrate, il est écrit : « Dans quelques maisons que j'entre, j'y entrerai pour l'utilité des malades, me préservant de tout méfait volontaire et corrupteur, et surtout de la séduction des femmes et des garçons, libres ou esclaves[16]. » La règle est on ne peut plus explicite : « et surtout de la séduction des femmes [...] » !

Agnodice est traînée devant le tribunal de l'Aréopage afin d'y être jugée pour manquement grave au serment d'Hippocrate. Elle sait qu'elle risque gros. Elle décide donc de jouer le tout pour le tout. Son biographe latin Hyginus raconte le procès : « *Tunicam alleuauit et se*

[16] Hippocrate, *L'art de la médecine*, Flammarion, 1999.

ostendit feminam esse[17]. » Ce qui veut dire : « Elle souleva sa tunique et montra qu'elle était une femme. » Les juges, qui ne cachent pas leur surprise, ne s'attendaient vraiment pas à ça. En fait, ils sont furieux de s'être fait gruger par une femme. Ils sont vexés qu'une femme puisse être meilleure qu'eux dans un métier d'homme. Et surtout, ils sont honteux que leur mensonge apparaisse au grand jour. Car si Agnodice a vraiment abusé de ses patientes, cela signifie que toutes les Athéniennes mariées et enceintes sont lesbiennes !

Après un moment de délibération, la sentence est prononcée : Agnodice est condamnée à mort… pour exercice illégal de la médecine. Le jour même, toutes les Athéniennes se révoltent. Les femmes des citoyens les plus influents font pression sur leur mari. Tant et si bien qu'Agnodice est non seulement acquittée, mais de plus elle est autorisée à exercer librement. L'année suivante, toutes les femmes d'Athènes sans exception ont accès au métier de médecin.

Faisant fi des obstacles, Agnodice a su se dépasser pour aller jusqu'au bout de son rêve. Elle a quitté sa famille, traversé la mer seule, elle a étudié pendant des

---

[17] Caius Julius Hyginus, *Fabulæ, CCLXXIV Quis Quid Invenerit, 13*, De Gruyter, 2002.

mois loin de sa cité, elle s'est cachée pour exercer, elle a enfreint la loi et risqué sa vie pour accomplir sa mission. Et finalement, elle a changé la vie des femmes, elle a changé la loi, elle a changé le monde… en devenant la toute première femme médecin d'Occident.

Regarde-toi !

Le Cavalier de la Détermination jouera un rôle clef dans ta réussite. La détermination n'est pas suffisante, mais elle est indispensable. Évalue son niveau au début du chemin et ne démarre pas un projet avec une détermination en dessous de huit sur dix. Fais tout ce qui est en ton possible pour la maintenir à ce minimum. Prends uniquement des engagements que tu sais pouvoir tenir. Fixe-toi des délais fermes et tâche de les respecter. À l'occasion, repousse tes limites. « Jusqu'ici, le présent était toujours déterminé par le passé. Aujourd'hui, il doit l'être par l'avenir. » disait Michel Poniatowski. Si tu es totalement déterminé à atteindre ton objectif, tu trouveras toujours quoi faire au présent.

Chaque jour, prends une douche froide de trois minutes par période d'une semaine ou d'un mois (ou pour toute la vie si tu finis par y prendre goût), médite durant au moins trois minutes ou regarde ton tableau de rêves aussi longtemps et aussi souvent que tu veux. Prends le temps de visualiser ton processus et stimule ton Système Réticulé Activateur. Tu peux ne faire qu'un seul de ces exercices, mais si tu les fais tous, tu auras de meilleurs résultats.

Un Cavalier de la Détermination au meilleur niveau t'offrira une excellente clarté d'esprit qui t'aidera à prendre de bonnes décisions plus facilement et plus rapidement, après une évaluation à plat des différentes possibilités. Il décuplera ta créativité, te rendra plus efficace et plus productif. De nouvelles idées de gestion, de production, de communication t'arriveront en permanence. Tout ce que tu feras, tu le feras en t'amusant, rempli d'une belle énergie communicative. Plus que jamais tu auras confiance en toi.

Récapitulatif

Définition

La détermination est un état d'esprit qui consiste à se caler sur un cap immuable qu'on s'est fixé au départ, en s'engageant fermement à aller jusqu'au bout malgré d'éventuelles vicissitudes.

Cinq stratégies

- Évalue ta détermination
- Apprends à dire non
- Fixe-toi des délais
- Repousse tes limites
- Prends des décisions fermes

Cinq exercices

- Le tableau de rêves
- La douche froide
- Le processus
- Le Système Réticulé Activateur
- La méditation

II

Le Cavalier de l'Autodiscipline

Une vie ne peut devenir extraordinaire avant d'être centrée, dédiée, disciplinée.

Harry Emerson Fosdick

En premier soutien de l'avant-garde, avance le Cavalier de l'Autodiscipline. Il se tient on ne peut plus droit, d'une assiette parfaite, poitrine pointant vers le haut. Son étalon lipizzan, à la robe gris clair, connaît sur le bout des sabots toutes les figures de l'École Espagnole de Vienne. Coach hors pair, le Cavalier de l'Autodiscipline t'aidera à respecter les règles et à te maintenir en forme. Son rôle dans ton expédition est de border ta voie avec toute la rigueur dont il sait faire preuve.

Aucun projet ne peut être mené à bien sans un minimum d'autodiscipline. L'autodiscipline est l'un des moteurs qui font avancer toute entreprise. C'est la vertu indispensable pour en organiser les tâches et pour passer à l'action. D'après Harry Truman, c'est même la première vertu de ceux qui réussissent : « Après avoir lu la biographie de grands hommes, j'ai compris que la première victoire se remportait sur soi-même… L'autodiscipline vient toujours en premier. »

Le mot « autodiscipline » est composé du préfixe *auto* qui signifie « soi-même » et du mot *disciplina* qui en latin classique a le sens de « action d'apprendre », « matière d'enseignement » et en particulier « principes, règles de vie ». L'autodiscipline est donc étymologiquement le fait de s'imposer librement à soi-même des règles de vie, sans pression et sans contrôle extérieurs.

L'autodiscipline est la capacité à se fixer des règles et à s'y tenir. C'est passer à l'action sans céder à l'emprise des émotions. Il s'agit de trouver l'énergie de faire ce que l'on a à faire quand on n'a pas forcément envie de le faire.

S'en tenir aux règles

Le mot autodiscipline n'a pas toujours bonne presse. Il fait même un peu peur, sans doute à cause de ce qu'évoque la discipline elle-même : l'obéissance, l'ordre, la soumission… On parle d'une « discipline de fer ». Pourtant dans le cadre de l'autodiscipline personne ne t'impose rien. C'est toi qui décides. Et c'est ça qui devrait te rendre heureux. Car c'est toi le maître. C'est toi et toi seul qui fixes les règles. Personne d'autre. Puisque c'est toi qui décides, tu as le choix du nombre de règles. Et pour chaque règle, tu peux placer le curseur où tu veux.

L'autodiscipline est une vertu à cultiver. Le Cavalier de l'Autodiscipline te soutiendra et te mènera au bout des choses, parfois malgré toi. L'autodiscipline n'est pas faite pour te faire du mal, mais pour t'aider à atteindre tes objectifs. Elle te permettra de concrétiser tes rêves, de passer de la simple intention à la réalisation, puis à l'aboutissement. Grâce à elle, tu pourras surmonter de nombreuses difficultés en apparence insurmontables.

Avec le Cavalier de la Détermination, le Cavalier de l'Autodiscipline est ton meilleur allié contre la procrastination, cet ogre capable de tuer dans l'œuf les rêves les plus audacieux, de dévorer près du but les projets les plus ambitieux. À chaque pas que tu feras dans l'autodiscipline, la procrastination sera remise au lendemain (le comble !) et faiblira. Chacune de tes petites victoires te rendra plus fort et te rapprochera du but.

L'autodiscipline, c'est non seulement se fixer des règles, mais c'est surtout s'y tenir. Et c'est souvent là que le bât blesse. Car il s'agit de tenir non pas une fois ou deux, mais toujours. Sans relâche. Se tenir aux règles que tu t'es fixées sans exception, sans jamais faiblir.

Il faut s'entraîner pour acquérir de l'autodiscipline, et l'entraînement lui-même est de l'autodiscipline. L'autodiscipline fonctionne exactement comme un muscle : plus tu t'exerceras, plus tu la renforceras. Le principe est le même : commencer petit et augmenter la charge. Toujours à la limite de tes capacités. Ce n'est pas pour rien que les sportifs de haut niveau sont parmi les personnes les plus disciplinées. Ils ne l'étaient pas forcément au début, mais à force d'entraînement ils le sont devenus. C'est chez eux une seconde nature.

Oui, s'il y a bien un exemple à suivre, c'est celui des sportifs de haut niveau. Ils s'entraînent quoi qu'il arrive. Qu'il fasse chaud, qu'il fasse froid, qu'il pleuve, qu'il vente, ils sont sur le pont. Ils ne cherchent pas d'excuses. Ils ne tiennent pas compte de leurs émotions à ce moment-là. Rien ne peut les arrêter. Le sport de haut niveau est sûrement la meilleure école d'autodiscipline qui existe. Si tu penses en manquer, lis des témoignages, des interviews ou des biographies de sportifs. Même sur un sport qui ne t'intéresse pas, tu pourras découvrir des histoires inspirantes, des *success stories* comme en raffolent les magazines.

La présence à tes côtés du Cavalier de l'Autodiscipline est donc capitale pour la réussite de ton entreprise. Aucun projet de longue haleine ne peut aboutir sans lui. Aucun succès ne peut être obtenu sans son soutien. La virtuosité, dans n'importe quelle branche, ne peut être atteinte qu'au prix d'une autodiscipline. C'est dès le début de ton projet que tu la mettras en place pour t'accompagner jusqu'au bout.

Les racines du mal

En l'absence du Cavalier de l'Autodiscipline, il ne peut y avoir de résultats positifs dans quel que domaine que ce soit. Tout simplement parce que l'autodiscipline permet d'avancer inexorablement vers l'objectif. Si tu n'avances pas, il n'y a aucune chance que l'objectif vienne à toi. La distance entre ton objectif et toi ne changera pas. En revanche, le temps passera. Et plus le temps passera, moins tu trouveras l'énergie pour t'y mettre... Tu auras peut-être même l'impression que la distance entre ton objectif et toi s'allonge. Jusqu'à ce que tu abandonnes purement et simplement ton objectif, ou qu'il ne soit plus d'actualité.

Le domaine dans lequel le manque d'autodiscipline est le plus préjudiciable est assurément l'alimentation. Il faut beaucoup de discipline pour bien se nourrir. Il y a des distributeurs de chips dans de nombreuses stations de métro – pas un seul ne propose des pommes. Chaque rue a ses *fast-food,* ses kebabs. Les supermarchés mettent souvent en avant les pires produits, les plus transformés, les plus gras, les plus sucrés, en tête de gondoles. Et nous sommes assommés de publicités pour des aliments nocifs.

Le préjudice subi par l'alimentation est le plus grave, car il touche directement à la santé. Une mauvaise alimentation due à un manque d'autodiscipline dégrade la santé à moyen ou long terme, et même à court terme dans les cas extrêmes. Dans un documentaire sorti en 2004[18], le réalisateur Morgan Spurlock montre l'expérience qu'il a faite de se nourrir exclusivement chez McDonald's pendant un mois. Les premiers symptômes de dégradation de sa santé sont apparus à partir du vingt et unième jour. Malgré les conseils de ses médecins, Morgan Spurlock a continué jusqu'au trentième jour comme prévu. Il a mis quatorze mois à revenir à son niveau de santé initial et à son poids de départ.

---

[18] *Super Size Me*, Morgan Spurlock, Diaphana, 2004, 98 mn.

L'absence d'autodiscipline mène aussi à une insuffisance d'activité physique. Et c'est bien dommage, puisque justement l'activité physique améliore l'autodiscipline. L'inconvénient, c'est qu'il faut quand même un peu d'autodiscipline pour entrer dans le cercle vertueux. Sans un minimum, aucune activité physique n'est envisageable sur une base régulière. Ce qui porte aussi malheureusement préjudice à la santé. Car avec l'alimentation, l'activité physique est l'un des facteurs déterminants d'une bonne santé.

L'autodiscipline est un ensemble de bonnes habitudes bien ancrées au plus profond de tes comportements. Notre cerveau aime les habitudes, la routine, car les automatismes lui demandent moins d'énergie que les décisions. Si tu ne prends pas de bonnes habitudes, forcément de mauvaises habitudes s'installeront. Plus longtemps ces mauvaises habitudes seront présentes, plus difficiles elles seront à déraciner. Alors qu'il te faudrait une toute petite dose d'énergie, un tout petit peu d'autodiscipline, pour éviter qu'une mauvaise habitude enfonce ses racines, il te faudra déployer énormément d'énergie et faire preuve d'une autodiscipline en titane pour la déraciner quelques mois ou quelques années plus tard.

Cinq stratégies pour renforcer ton autodiscipline

Contente-toi de commencer

Souvent, nous rechignons à accomplir une tâche parce qu'elle nous paraît trop longue, trop difficile ou trop fatigante. Ou tout simplement parce que nous n'avons pas le temps, ou plutôt parce que nous prétendons ne pas avoir le temps. Nous avons alors tendance à procrastiner en reportant le travail à plus tard : dans une heure, demain, la semaine prochaine. Et de report en report, rien n'avance, rien ne se fait. Ce n'est jamais le moment, jamais la priorité. Nous préférons faire d'autres choses, parfois moins importantes et pas forcément plus urgentes. Nous arrivons à nous convaincre que ce manquement n'est qu'une exception, qu'après tout ce n'est pas si grave, et que nous nous rattraperons la prochaine fois. Malheureusement, il se passe parfois très longtemps avant que la prochaine fois n'arrive.

Plutôt que de repousser cette tâche qui t'impressionne, qui te fait peur, parce qu'elle te paraît trop lourde ce jour-là, ne regarde que le début. Engage-toi seulement à en faire une petite partie ; ce sera toujours ça. Si tu avais prévu d'aller courir trente minutes et que tu ne trouves absolument pas le courage de t'y mettre, pars pour seulement cinq minutes. C'est ce que j'appelle la technique du « juste » : « je cours "juste" cinq minutes. », « j'écris "juste" une demi-page. ». Mais la vérité, c'est que lorsque tu auras commencé, tu auras du mal à t'arrêter. Et finalement, tu mèneras la tâche à bien.

L'énergie qu'il faut pour débuter un travail est très supérieure à l'énergie qu'il faut pour continuer. Pour pousser une voiture à l'arrêt, tu as besoin de l'aide d'autres personnes. Mais lorsque la voiture est déjà en roue libre, tu peux la pousser tout seul. Lorsque tu manques d'entrain pour accomplir une tâche, applique la technique du « juste » : commence petit et laisse grandir.

Prévois tes récompenses

La vraie récompense, le Graal, arrivera lorsque tu auras terminé ton projet. Ce jour-là sera un grand jour, l'accomplissement de longs mois ou de longues années d'efforts ininterrompus. Ce jour-là, tu exulteras ; tu pourras célébrer ta victoire. Oui, mais c'est peut-être dans un an, dans trois ans, dans cinq ans. C'est très loin ! Comment garder ton autodiscipline sur une aussi longue distance ? C'est comme gravir une montagne sans jamais voir le sommet. Ça peut finir par être décourageant si la situation se prolonge trop longtemps. L'autodiscipline a besoin de soutien.

Pour t'aider à rester discipliné, accorde-toi des récompenses. Pour chaque tâche contraignante, prévois une récompense qui t'incitera vraiment à l'accomplir. Après une période de travail intense, accorde-toi par exemple un bon jus de fruits frais fait maison, installé dans ton confortable canapé, ou un épisode de ta série préférée. Comme l'indique Charles Duhigg[19], la très grande force d'une habitude est d'être associée à une récompense. C'est pour cela qu'une habitude est difficile à déraciner.

Prévois tes récompenses soit en fonction du temps passé, soit en fonction du résultat. Par exemple : une récompense pour trois heures de travail ou une récompense pour dix pages écrites. À toi de choisir la méthode la plus efficace, celle qui te permet le mieux d'avancer. La méthode peut être différente pour chaque tâche de tes projets. Organise tes récompenses à l'avance. Et lorsque tu traînes des pieds pour te mettre au travail, pense à la récompense qui t'attend un peu plus tard.

---

[19] Charles Duhigg, *Le pouvoir des habitudes*, Flammarion, 2016.

Fixe des sanctions

À l'inverse, tu peux t'infliger des sanctions si tu ne tiens pas tes engagements. Une punition pour chaque engagement non tenu. C'est une stratégie qui marche bien pour certaines personnes. Il se pourrait qu'elle marche pour toi aussi. La plupart des gens apprécient les récompenses. Mais elles ne sont parfois pas assez incitatives, quelle que soit leur importance. Certains d'entre nous ont besoin, pour avancer, d'une menace en cas de défaillance.

La première sanction bien sûr, c'est que tu seras privé de la récompense associée à la tâche que tu n'as pas accomplie. Pas de tâche, pas de chocolat ! Mais si ce n'est pas assez dissuasif, tu devras prévoir quelque chose de plus fort. Tu peux te dire que tu en feras le double la prochaine fois. Seulement, le risque est que tu sois encore moins motivé, même en doublant la récompense. Si tu n'as pas eu envie de réaliser cette tâche, auras-tu vraiment envie d'en faire le double la fois d'après ? Rien n'est moins sûr. Et je ne parle même pas d'en faire le triple la fois d'encore après.

Alors, quelles sanctions appliquer ? Le choix est libre. À toi d'être créatif et de découvrir ce qui sera le plus contraignant pour toi. Trouve une pénalité qui te dissuade vraiment de renoncer. Un grand classique, c'est la sanction d'ordre financier. Promets de donner de l'argent à quelqu'un ou à une œuvre de charité chaque fois que tu déroges à une règle que tu t'es fixée. Détermine un montant suffisamment douloureux pour t'inciter à rester sur les rails. La première pénalité ne sera peut-être pas dissuasive. Mais après plusieurs chèques ou virements, il y a de fortes chances que tu rentres dans le rang. Le site Stickk[20] peut t'aider à tenir tes engagements.

Planifie la décompression

Il est illusoire d'imaginer travailler dix heures sans interruption jour après jour sur une longue période. Au fil du temps, la concentration s'épuise, la créativité se tarit, la précision s'effrite… Bref, les performances s'amenuisent petit à petit. Voilà pourquoi il est très important d'organiser des pauses dans ton travail, même s'il s'agit d'un travail passionnant. Le cerveau, le corps, les sens, en profiteront pour se reposer. Au bout de quelques minutes, tes facultés physiques et intellectuelles seront régénérées[21].

---

[20] Stickk, Stickk to your commitment [en ligne], disponible sur : < stickk.com > (page consultée le 3 septembre 2019).
[21] Arielle Tambini, Nicholas Ketz et Lila Davachi, « Enhanced Brain Correlations during Rest Are Related to Memory for Recent Experiences », *Neon*, 2010, n°65, p. 280-290.

Pour rester efficace dans son activité, la technique Pomodoro[22] inventée par Francesco Cirillo préconise des sessions de travail de vingt-cinq minutes entrecoupées de courtes pauses de cinq minutes. Au bout de quatre sessions, c'est une pause plus longue, de quinze à vingt minutes, qui s'impose. Le nom « Pomodoro », qui signifie « tomate » en italien vient de ce minuteur rouge en forme de tomate que tu as peut-être déjà vu dans certaines cuisines.

Pause ne veut par forcément dire repos total. Passer à une activité demandant moins de concentration peut t'apporter la détente. Lorsque je décide de marquer une pause au milieu d'une séance d'écriture, il m'arrive de procéder à des recherches tranquillement en flânant sur internet. Dans ce cas, ma pause n'est qu'un changement de rythme. Je continue à faire une tâche directement utile à mon projet, mais sur un mode plus détendu, sans pression. Il s'agit alors d'un simple ralentissement, d'une sorte de courte escapade avant de reprendre à nouveau un rythme soutenu à plein rendement.

---

[22] Cirillo Francesco, *La technique Pomodoro*, Diateino, 2019.

Adopte un partenaire

Le problème que l'on peut rencontrer dans un projet, dans une entreprise, c'est la solitude. Cela implique que l'on n'a pas de comptes à rendre. Le fait de n'avoir de comptes à rendre à personne peut faire fléchir parfois la discipline. On peut se sentir moins engagé envers soi-même qu'on ne le serait envers quelqu'un d'autre.

Pourquoi ne pas te trouver un « partenaire » ? Non pas quelqu'un qui aurait des parts dans ta société, mais une personne qui serait dans une démarche parallèle, une sorte de *sparring partner*. Supposons que tu aies pris la décision de courir deux fois par semaine. En choisissant de pratiquer tes séances de sport avec un partenaire, tu prends en quelque sorte un engagement vis-à-vis de lui.

Les jours où tu n'auras pas envie de courir, par égard pour cette personne envers qui tu es engagée, tu te déplaceras quand même. Et le plus dur étant de s'y mettre, à la fin de la séance tu seras bien content d'avoir tenu ton engagement. De plus, tu auras rendu service à ton partenaire, car il s'agit d'un engagement mutuel. Lui non plus n'avait peut-être pas envie de courir et ne serait pas venu s'il n'avait eu rendez-vous avec toi.

Choisir un partenaire t'aidera à maintenir ta discipline. Tu seras moins souvent tenté de flancher, car quelqu'un compte sur toi. Quelqu'un a confiance en toi et tu ne voudras pas trahir sa confiance. Chaque fois que tu voudras abandonner, tu penseras à cette personne envers qui tu t'es officiellement engagé et tu te reprendras. Si tu ne le fais pas, tu pourras toujours compter sur elle pour te ramener sur le droit chemin selon votre accord.

Plus haut, plus loin

Le Cavalier de l'Autodiscipline te permet de progresser inexorablement vers ton objectif. Les règles que tu t'es fixées te donnent une ligne de conduite. Elles font partie de ton plan de réussite. Si tu les suis jour après jour, tu ne peux qu'atteindre ton objectif. Il est parfois difficile de se concentrer sur le but lorsqu'il est très loin. L'ampleur de ce qu'il faut accomplir peut parfois décourager. En te focalisant sur l'autodiscipline, tu restes à un niveau quotidien ou hebdomadaire mesurable. Tu évites d'avoir le vertige en pensant à tout ce qu'il te reste à faire. C'est pour cela que le Cavalier de l'Autodiscipline est au second rang, et non pas à l'avant-garde à la place du Cavalier de l'Autodétermination. Il te permet de penser uniquement à ce que tu dois faire maintenant parce que c'est nécessaire pour la réussite future.

En étant discipliné, tu restes indirectement concentré sur l'objectif. L'autodiscipline maintient ta concentration sur l'essentiel : atteindre le but. Car tu as établi dès le début que c'est par là que tu devais passer. L'autodiscipline avec toutes les règles que tu as fixées fait partie de ta stratégie. Une fois en marche, tu n'as plus de questions à te poser. Tu n'as qu'à avancer en te conformant à ta feuille de route. Il n'y a aucune place pour le doute dans ta démarche. Tu sais que pour y arriver il suffit d'appliquer les règles, rien de plus. C'est ce qui te permet de rester concentré sur ton projet. Grâce au Cavalier de l'Autodiscipline, ton cerveau libéré de nombreux questionnements pourra laisser libre cours à sa créativité.

Le Cavalier de l'Autodiscipline te permet aussi de tordre le bras à l'un des plus grands dangers qui guettent la réussite de ton projet : la procrastination. Chaque fois que tu respecteras une règle de ton autodiscipline, la procrastination s'affaiblira. Chaque fois que tu relâcheras la pression par rapport à ce que tu avais prévu, ne serait-ce qu'une seule fois, elle reprendra du pouvoir. Plus longtemps tu resteras sur la voie, moins la procrastination aura d'emprise sur l'avenir de ton projet.

Un autre bénéfice que t'apportera le Cavalier de l'Autodiscipline, c'est un élargissement de tes limites. Jour après jour, tu seras capable de faire mieux : plus haut, plus fort, plus loin ou plus longtemps. Si tu t'astreins à faire chaque jour la planche pour gainer tes muscles abdominaux, tu progresseras forcément. Si au début tu n'es pas capable de tenir plus de trente secondes, en quelques jours tu arriveras à soixante secondes, puis à cinq minutes. Et peut-être un jour battras-tu le record mondial[23].

L'un des gros avantages de l'autodiscipline est qu'elle s'autorenforce. Il suffit d'un peu d'autodiscipline au début pour commencer. Ensuite, si tu la maintiens pendant suffisamment longtemps, elle deviendra de plus en plus solide. Plus tu auras d'autodiscipline, moins tu auras besoin de la forcer pour te mettre à l'ouvrage. Sa force sera dans l'automatisation. Toutes les règles inscrites dans ton autodiscipline feront partie de tes habitudes. Tu n'auras plus besoin de réfléchir, de te poser des questions, avant de t'y mettre.

---

[23] À ce jour le record mondial féminin de gainage est de 4h20, établi le 18 mai 2019 par la Canadienne Dana Glowacka, professeure de yoga. Le record masculin est de 10h10, établi le 28 juin 2018 par George Hood, un ancien marine américain de 60 ans.

Ta détermination aussi bénéficiera d'une autodiscipline accrue. Quand tu verras à quel point tu avances grâce à l'autodiscipline, tu te sentiras encore plus déterminé à réussir. Ce sera un stimulant incroyable. Car l'objectif te paraîtra encore plus atteignable.

Cinq exercices d'autodiscipline

Les tâches difficiles

Tu l'as sûrement déjà lu ou entendu dire : il est indispensable de commencer sa journée par les tâches difficiles. Les tâches difficiles sont très souvent aussi des tâches importantes. En commençant par elles, tu vas forger ton autodiscipline justement parce qu'elles sont difficiles. Si tu te laisses absorber en premier par les tâches faciles, qui peuvent être futiles, tu auras moins de temps et moins de disponibilité d'esprit pour les tâches importantes.

Ce n'est pas le matin, au moment de te mettre au travail, qu'il faut organiser ta journée, choisir les tâches. Car si tu répartis tes tâches dans la journée à quelques minutes de ton démarrage, tu seras tenté de placer les plus faciles en premier et de retarder l'exécution des plus difficiles. Organise-toi la veille, froidement, sans état d'âme. Ainsi le jour J, lorsque tu seras devant ton planning de la journée, tu n'auras pas de questions à te poser. Tu feras exactement ce que tu as décidé la veille.

Mais pour réussir cet exercice, il faut un minimum d'autodiscipline. C'est pourquoi s'il est trop compliqué pour toi de commencer par les tâches difficiles, fais l'inverse : commence par les tâches faciles. Mais ne te laisse surtout pas embarquer. Prépare d'abord tout l'environnement pour l'exécution des tâches importantes. Ensuite avant de te lancer dans les tâches faciles, programme leur fin sur ton minuteur. Elles ne devraient pas te prendre plus de 15% du temps à consacrer aux tâches importantes. Considère les tâches faciles comme un échauffement pour te lancer efficacement dans les tâches difficiles.

Les jours où je n'ai pas du tout envie d'écrire, je m'assois quand même à mon bureau. J'ouvre mon traitement de texte. Et je commence par faire un peu de maintenance sur mon document en cours. Je change quelques intertitres, je modifie la ponctuation, remplace un mot. Je m'échauffe ainsi pendant une dizaine de minutes. C'est le temps qu'il me faut généralement pour me sentir prêt à reprendre l'écriture de mon texte interrompue la veille.

La respiration profonde

En oxygénant au maximum tes cellules et notamment celles du cerveau, la respiration profonde te remplira d'énergie. Avant que ton autodiscipline devienne vraiment une habitude, un certain nombre de tâches feront l'objet d'une décision : faire ou ne pas faire. Il te sera plus facile au début de ne pas faire. Il te faudra de l'énergie pour ne pas céder et passer à l'action. Or la fatigue t'empêchera de prendre la bonne décision, te laissant aller vers la facilité. En te chargeant d'énergie par la respiration profonde, tu te donnes des chances de prendre les bonnes décisions et de faciliter ton autodiscipline.

La respiration profonde t'aidera aussi à gérer tes émotions pour éviter qu'elles ne viennent perturber ton autodiscipline. Elle diminuera ton stress, ton anxiété. Elle favorisera ta concentration et ton sommeil. Autrement dit, la respiration profonde lèvera la plupart des obstacles à l'autodiscipline, qu'ils viennent des émotions ou de la fatigue. En affectant directement ton état d'esprit et ta condition physique, elle permettra à ton autodiscipline de se muscler sans entraves.

Respire profondément plusieurs fois par jour. Fais des sessions d'au moins cinq respirations. Tu sais que tu respires profondément lorsque tu sens qu'à chaque inspiration, tout ton buste se remplit : ton abdomen, puis ton thorax jusque sous les clavicules. Inspire lentement à fond ; ensuite, libère l'air aussi lentement. Tu peux faire cet exercice n'importe où, à n'importe quel moment. Tu n'as pas besoin de bloquer du temps spécialement pour ça. Tu peux pratiquer assis, allongé ou debout, sous la douche, dans les embouteillages, dans les transports en commun, dans une salle d'attente, dans la queue au supermarché… Ne rate pas une occasion.

L'activité physique

L'activité physique fait partie des activités qui ont le plus d'impact sur l'autodiscipline. Si tu n'as pas d'activité physique pour l'instant, envisage de t'y mettre. Non seulement tu renforceras ton autodiscipline, mais en plus tu feras un geste pour ta santé. Une activité physique te donnera un mental d'acier. Lorsque tu seras capable de faire du sport la nuit, sous la pluie, dans la boue, par temps froid, fatigué, peu de défis t'impressionneront. Tu auras appris à agir en fonction de ton objectif ultime, et non pas en fonction de tes envies du moment.

Pour ma part, une activité physique comme le yoga a transformé ma vie. Trois semaines seulement après avoir commencé ma pratique quotidienne, j'ai arrêté l'alcool, la cigarette, le café, les sucreries, les sodas, la viande, le poisson et les excès en tous genres, et j'ai fortement diminué les pensées négatives. Tout le monde sait à quel point il est difficile de se passer de certains de ces poisons, comme la cigarette et le sucre. Pourtant j'y ai mis fin sans effort grâce à une activité physique soutenue. C'est parce que je faisais une heure et demie de yoga par jour que les résultats sont arrivés si rapidement.

L'inconvénient de l'activité physique, c'est qu'il faut un minimum d'autodiscipline pour commencer. C'est pourquoi choisis une activité qui te plaît vraiment et que tu penses faire pendant suffisamment longtemps avant de te lasser. Si le plaisir n'est pas une raison suffisante pour te faire sauter le pas, trouve-toi une cause suffisamment motivante. J'ai commencé le yoga sur les conseils de mon ostéopathe : pour préserver mon dos. Pour être sûr de tenir la longueur, prends de petits engagements au début : pratique une fois par semaine ou une fois par mois.

Les pauses

Décide de la durée de tes sessions à l'avance. Choisis la durée de session qui te convient le mieux en fonction des tâches à accomplir. Les vingt-cinq minutes préconisées dans la méthode Pomodoro ne conviennent pas à tous les cas. Certaines tâches nécessitent déjà une vingtaine de minutes pour atteindre un bon niveau d'immersion et de concentration.

Ensuite planifie tes pauses. Elles peuvent durer cinq minutes ou une heure. C'est à toi de décider en fonction de l'effort déployé durant la tâche qui la précède ou de celui prévu dans la tâche qui suit. En plus de ses effets de ressourcement, la pause fonctionnera comme une récompense t'aidant à maintenir ton autodiscipline. Programme tes pauses et débuts de session sur un minuteur, un réveil ou sur ton *smartphone*.

Si tu trouves le principe du minuteur trop violent, je te suggère de concevoir des *playlists* musicales d'une durée équivalente à tes sessions de travail et à tes pauses. À la fin du dernier morceau, tu sauras que c'est la fin du travail ou de la pause.

Résiste à la tentation de continuer la tâche dans laquelle tu es absorbé. La discipline tient au fait de trouver l'énergie de démarrer une tâche, mais aussi au fait de savoir l'arrêter. De même, sache stopper la pause au moment où tu l'as prévu.

Fais chaque jour l'exercice de planifier tes pauses pour éviter que ton autodiscipline ne s'émousse. En respectant tes pauses, tu préserveras ton énergie et renforceras ton autodiscipline.

L'autosurveillance

L'autosurveillance est un excellent exercice pour renforcer ton autodiscipline. Cela ne te demandera pas de temps supplémentaire. Tu peux pratiquer n'importe où, à n'importe quel moment, quel que soit l'objet de ta surveillance. L'objectif est d'identifier un comportement chaque fois qu'il se produit chez toi. Ce n'est pas forcément un tic. Plus tu observeras ce comportement, plus tu auras d'occasions de le corriger, et moins il réapparaîtra. L'autosurveillance exige une grande vigilance pour ne rien laisser passer.

Tu peux vouloir par exemple corriger ta posture. Ce serait une bonne idée, car la posture influence l'état d'esprit et donne une certaine image aux autres. Chaque fois que tu te surprendras en flagrant délit d'avachissement, redresse-toi. Surveille ta posture assise, ta posture debout, ta posture en marchant (traînes-tu les pieds ?). Comment sont positionnés ta tête, tes épaules, ton bassin ? C'est une observation de chaque instant, non seulement quand tu es seul, mais aussi dans tes interactions avec les autres.

Un autre bon terrain de surveillance est le langage. Notre langage reflète notre état d'esprit. Et à l'inverse, notre langage peut influencer notre état d'esprit. Éviter les mots négatifs serait une bonne idée. Observe ta façon de parler. Chaque fois que tu penses ou que tu prononces un mot négatif remplace-le aussitôt par un mot neutre ou positif. Peu à peu, le mot négatif disparaîtra définitivement de ton vocabulaire. Le mot « échec » par exemple peut être avantageusement remplacé, selon le contexte, par des mots comme : défi, challenge, opportunité, etc.

Natalie du Toit ou l'Autodiscipline

Natalie du Toit
(1984-)

Natalie du Toit est née le 29 janvier 1984 à Cape Town en Afrique du Sud. Dès l'âge de six ans, comme tous les enfants, elle a un rêve. Mais le sien n'est pas commun. Elle ne veut pas être vétérinaire, professeur ou célébrité de la téléréalité. Non. Elle veut aller aux Jeux Olympiques, rien de moins. « J'ai commencé à nager à l'âge de six ans. C'est quelque chose que j'ai tout de suite adoré : j'entrais dans l'eau et je ne pouvais plus m'arrêter. », témoigne-t-elle.

À quatorze ans, Natalie réussit à se hisser au niveau international en participant aux XVIe Jeux du Commonwealth de 1998 qui réunissent, à Kuala Lumpur (Malaisie), 3 633 participants de soixante-dix nations dans quinze sports différents. Engagée dans trois épreuves, elle termine à la sixième position du relais 4 x 100 m nage libre. Après un tel résultat à son âge, tout le monde lui promet un grand avenir international dans la natation. Dès la fin de la compétition, elle se remet au travail afin d'être prête pour l'édition suivante en 2002. Ses progrès sont encourageants ; elle s'améliore de jour en jour.

Jusqu'à ce funeste jour de février 2001. Elle sort d'un entraînement, monte sur son scooter et prend la direction de l'école pour aller en cours. Sortant d'un parking, une voiture la heurte de plein fouet par la gauche. Sous le choc, sa jambe est broyée. Natalie est transportée d'urgence à l'hôpital. Les médecins font tout leur possible pour éviter à la jeune fille de dix-sept ans une amputation. En vain. Après cinq jours de tentatives, sa jambe gauche est finalement amputée au niveau du genou. Natalie doit désormais marcher avec une prothèse. Le rêve semble bien brisé.

Pourtant, seulement trois mois après son accident Natalie est de nouveau dans le bassin. C'est douloureux, mais la petite sirène y croit fort. Non, le rêve n'est pas brisé : la trajectoire a simplement changé. Les Jeux Olympiques restent le Graal. « Tu dois toujours garder tes rêves en tête et ne jamais les abandonner. », affirme Natalie. Pour l'heure, les Jeux du Commonwealth de 2002 à Manchester (Angleterre) sont en ligne de mire. C'est dans seulement un an. Pour réussir son pari, la jeune fille s'entraîne très dur.

Elle reprend tout à zéro. D'abord, elle essaye la brasse. Mais avec une jambe en moins, elle n'est pas satisfaite de son niveau. « Je finissais par nager plus ou moins en cercle », reconnaît-elle. Elle se tourne alors vers le crawl. Et comprend qu'elle a tout intérêt à travailler de préférence les distances de fond. Car en natation, plus la distance est longue, moins les jambes font la différence. Pour améliorer ses performances, Natalie développe puissamment le haut du corps de manière à nager principalement à la force des bras.

La nageuse fait preuve d'une autodiscipline qui force le respect. Chaque jour, elle parcourt pas moins de huit kilomètres à l'entraînement. C'est dans l'eau qu'elle se sent le mieux. « Quand je suis dans l'eau, cela fait partie des rares fois où j'oublie ma jambe et que je me sens complètement libre, c'est-à-dire ce que je suis. », confie-t-elle.

En 2002, Natalie participe aux Jeux du Commonwealth, comme prévu. Dans les épreuves pour invalides, elle s'aligne au 100 m nage libre et au 50 m nage libre, remportant la médaille d'or dans les deux disciplines, et battant au passage le record du monde des handicapés. Mais le plus incroyable est qu'elle se qualifie pour la finale du 800 mètres classique aux côtés de nageuses valides. Un an à peine après son terrible accident et son amputation. C'est la première fois qu'une handicapée participe à une finale d'un événement international pour personnes valides. Elle termine honorablement à la huitième position.

En 2003, encore parmi les valides, elle remporte la médaille d'or du 800 m nage libre aux Jeux Africains à Abuja (Nigéria). En 2004, elle n'est malheureusement pas sélectionnée pour les Jeux Olympiques d'Athènes (Grèce), mais elle repart tout de même des Jeux Paralympiques avec quatre médailles d'or et une d'argent. Deux ans plus tard, l'ascension continue : deux médailles d'or chez les handicapés aux Jeux du Commonwealth de Melbourne (Australie) et six médailles d'or aux Championnats du Monde de Natation Handisport de Durban (Afrique du Sud).

L'année 2008 commence sous de bons auspices. Natalie remporte la médaille d'or de nage en eau libre aux Championnats d'Afrique de Natation. Mais surtout, en arrivant quatrième aux Championnats du Monde de Natation en Eau Libre, elle gagne son ticket tant espéré pour les Jeux Olympiques. Elle devient ainsi la première femme amputée à participer aux J.O. « C'était mon rêve depuis que j'ai six ans d'aller aux Jeux Olympiques. Et de voir ce rêve finalement se réaliser est quelque chose d'énorme pour moi. », déclare-t-elle. Natalie est tout naturellement choisie pour être la porte-drapeau de la délégation sud-africaine lors de la cérémonie d'ouverture des Jeux Olympiques de Pékin. Durant l'épreuve de nage en eau libre disputée sur 10 km, elle termine seizième sur vingt-cinq concurrentes.

Quelques semaines plus tard, elle gagne les cinq épreuves dans lesquelles elle s'est engagée aux Jeux Paralympiques, ramenant chez elle cinq nouvelles médailles d'or. Elle fait partie des deux seuls athlètes à s'être qualifiés la même année aux J.O. et aux Jeux Paralympiques.

Aujourd'hui retirée du sport, Natalie du Toit entame depuis quelques années une carrière de conférencière. Elle est une source d'inspiration pour de nombreuses personnes. Durant ses conférences, puisant dans son expérience personnelle, elle invite chacun à développer sa confiance en soi.

Lorsqu'on l'interroge sur son extraordinaire performance aux Jeux Olympiques de Pékin, Natalie répond modestement « C'était juste mon rêve à moi, mon but personnel. Des gens m'ont dit que ce ne serait jamais possible, c'était juste après que je sois rentrée à l'hôpital et qu'on m'ait amputée. Mais vous savez, peu importe si un rêve paraît irréalisable, c'est quelque chose que vous faites pour vous, et non pour les autres. L'important n'est pas de devenir le champion, d'être le meilleur ou d'avoir la médaille d'or. Si vous atteignez votre rêve, c'est cette concrétisation qui est importante. Cela peut être un petit rêve, le mien était d'aller aux Jeux Olympiques. ».

Fais ce que tu dois faire

Pour renforcer ton autodiscipline, mets en place au moins une stratégie. Lorsque tu as du mal à te mettre au travail, baisse la barre. Dis-toi : « j'en fais juste cinq minutes. ». Une fois lancé, tu n'auras aucun mal à continuer. Planifie des récompenses après l'effort, ça t'aidera à avancer. Éventuellement, envisage des sanctions en cas de refus, et rends-les publiques si nécessaire. Pense à régénérer ton autodiscipline grâce à des moments de décompression. Souviens-toi qu'avoir un partenaire peut t'aider à tenir tes engagements.

Chaque soir, planifie ta journée du lendemain en plaçant les tâches difficiles au début et en prévoyant des pauses aussi souvent qu'il est utile. Exerce-toi à la respiration profonde le plus souvent possible dans la journée.

Procède par sessions de cinq respirations que tu pourras faire en toutes circonstances. Surveille ta posture, ton langage, tes pensées, tout ce que tu veux changer. Et pratique une activité physique régulière, car c'est l'un des meilleurs moyens de muscler son autodiscipline.

Avec un Cavalier de l'Autodiscipline solide, tu progresseras inexorablement vers ton objectif, en restant totalement concentré sur chacune des tâches à accomplir. Tu repousseras tes limites, élargissant ainsi ta zone de confort ; ton autodiscipline sera encore plus dense. Car plus tu l'exerces, plus tu l'enracines. Et moins tu as besoin d'effort pour avancer. Les dangers de la procrastination seront définitivement écartés, car tu feras chaque jour ce que tu dois faire sans aucune hésitation.

Récapitulatif

Définition

L'autodiscipline est la capacité à se fixer des règles et à s'y tenir. C'est passer à l'action sans céder à l'emprise des émotions. Il s'agit de trouver l'énergie de faire ce que l'on a à faire quand on n'a pas forcément envie de le faire.

Cinq stratégies

- Contente-toi de commencer
- Prévois tes récompenses
- Fixe des sanctions
- Planifie la décompression
- Adopte un partenaire

Cinq exercices

- Les tâches difficiles
- La respiration profonde
- L'activité physique
- Les pauses
- L'autosurveillance

III

Le Cavalier de la Constance

Ce n'est pas ce que nous faisons à l'occasion qui modèle notre vie, c'est ce que nous faisons avec régularité.
Anthony Robbins

En deuxième soutien de l'avant-garde se trouve le Cavalier de la Constance. Modeste, discret, vêtu sobrement, il semble avancer lentement, prenant son temps. Et pourtant il ne va pas moins vite que les autres ; sans doute parce qu'il est régulier. Le rôle de l'humble Cavalier de la Constance dans ton équipe est de niveler la voie et de la baliser, à l'aide de bornes et de signaux tracés dans la terre ou sur les arbres. Grâce à lui, tu sauras toujours où aller, où mettre les pieds.

La constance est avant tout affaire d'habitudes. Selon la vision de Horace Mann « L'habitude est un câble que nous tissons jour après jour jusqu'à ce qu'il nous devienne impossible de le briser. » Il y a dans la constance une notion de continuité jusqu'à la solidité.

Le mot constance dérive du latin classique *constantia* qui se traduit par : permanence, continuité, fermeté de caractère. L'idée de permanence est inhérente à la constance. Elle repose sur la stabilité d'une force morale et suppose une fidélité indéfectible à ses propres engagements. La constance va de pair avec un rythme imposé. Le choix de la bonne fréquence influence les chances de succès.

La constance consiste à répéter avec régularité une action simple pour se rapprocher de son objectif. Être constant, c'est cultiver son jardin. On commence par planter la graine de son objectif, dans le but de récolter plus tard les fruits du succès. Entre les deux (planter et récolter), il faut cultiver, c'est-à-dire apporter régulièrement tous les soins nécessaires pour que le rêve se concrétise.

La répétition

Nous apprenons principalement par la répétition. C'est par la répétition d'une tâche que nous devenons inconsciemment compétents pour cette tâche. C'est parce que nous avons maintes fois répété les gestes complexes qui caractérisent la conduite d'une voiture, qu'aujourd'hui nous pouvons conduire en tenant une conversation avec nos passagers. Nous conduisons sans y penser, de façon inconsciente. Cette conduite « machinale » n'était pas possible durant les premières leçons. Il a fallu répéter encore et encore.

Lorsqu'à force de répétitions, une tâche peut être effectuée régulièrement sans qu'on y pense, sans qu'on mobilise pleinement la conscience, on parle d'une habitude. Pour qu'une habitude s'installe, il faut, non pas vingt et un jours (comme le prétendent de nombreux programmes de développement personnel), mais de dix-huit à deux cent cinquante-quatre jours. La moyenne se situe à soixante-six jours. Il faut en moyenne soixante-six jours pour qu'une habitude s'ancre dans l'inconscient. S'il faut autant de temps, c'est parce que l'être humain a une tendance naturelle à résister au changement.

Quand une habitude est installée, elle peut rester très longtemps, car le cerveau aime la routine. C'est un parcours connu. La voie est tracée chaque jour plus profondément dans le système neuronal. Une habitude n'engage aucune prise de décision. Quand tu prends ta douche le matin, tu ne décides pas à chaque fois par quelle partie du corps tu vas commencer. Tu suis toujours le même circuit, la même routine. Pour un organe comme le cerveau qui consomme déjà 20% de l'énergie du corps à lui tout seul (alors qu'il ne représente que 2% du poids total), les décisions sont énergivores. C'est pourquoi il préfère généralement aller vers la routine. Une habitude représente pour lui un moindre effort ; c'est une économie d'énergie considérable.

Mais pour qu'un comportement devienne une habitude, il faut avant tout de la constance. Et il en faut peut-être pour deux cent cinquante-quatre jours (huit mois et demi). Il faut pouvoir tenir la distance. Car les résultats n'arrivent pas tout de suite. Il faut parfois maintenir une intention avec constance pendant suffisamment longtemps pour obtenir satisfaction. Durant l'été 1993, quatre mille personnes se sont réunies à Washington D.C. afin de méditer pour la paix. Il leur a fallu deux mois de méditation régulière et intense pour faire chuter la criminalité de la ville de 23,3%. C'est une constance confiante qui leur a permis d'obtenir ce résultat.

La constance peut se porter sur l'action autant que sur la pensée. Notre état d'esprit est déterminé par nos habitudes de pensées dominantes. La constance est la force qui traverse et relie nos habitudes. C'est ainsi, que comme le dit Napoleon Hill : « Nous ne pouvons nous trouver là où nous aimerions nous trouver et devenir ce que nous souhaitons être qu'en développant et en maintenant des habitudes volontaires. ».

Commence par établir un plan. Non pas pour aller jusqu'à la fin, mais simplement pour démarrer, en vertu de la maxime de Lao Zi : « Un voyage de mille lieues commence par un pas. » Car le début est la partie la plus délicate, celle qui demande le plus d'énergie. Consacre toute ton énergie à faire ce premier pas. Les autres suivront.

De l'inconstance

Le Cavalier de la Constance est sûrement celui dont le manque serait le plus préjudiciable à tes projets. Sans lui, absolument rien ne se fait. La progression d'un projet dépend de la constance en grande partie. Aussitôt que la constance faiblit, il y a piétinement, puis stagnation, et enfin enlisement définitif.

Il y a trois types d'inconstance. Dans chaque cas, les risques sont les mêmes à des degrés divers. Le premier type est la constance espacée. Les actions qu'elle porte sont très écartées dans le temps, trop espacées pour produire de grands effets, de gros résultats. Avec une fréquence d'intervention bien trop basse, le mouvement général sera dispersé, parfois même illisible. Si tu tombes dans cette catégorie, ta propre lassitude pourrait avoir raison du projet. Par manque d'une exaltation soutenue, ton plaisir de cheminer s'évaporera. Ton objectif disparaîtra dans le brouillard.

Le deuxième type est la constance anarchique. Tes actions seront livrées dans le désordre, sans réelle stratégie ou bien avec des changements de stratégies trop fréquents, au gré de ton humeur ou d'influences extérieures injustifiées. Résultat : ta démarche erratique pourrait produire de dangereux retours en arrière en pur gaspillage d'énergie. Si tu es seul sur le projet, c'est déjà très embêtant. Mais si tu diriges une équipe, c'est alors catastrophique : le naufrage est tout proche. Pour être productive, la constance exige une et une seule direction, pas deux, pas trois.

Le troisième type est la constance vide. Dans ce cas, c'est simple : il n'y a pas de constance du tout – elle est inexistante. Ou si elle existe, c'est dans l'inaction. Si tu en es là, c'est sûrement par manque de vision, à cause d'objectifs mal définis, ou parce que tu n'es pas assez déterminé. Il n'y a pas grand-chose à dire sur ce type, si ce n'est qu'il ne se passera rien. C'est la base : il n'y a pas d'effet sans cause. Tu peux toujours te dire que tout arrivera grâce à la loi d'attraction. Mais la loi d'attraction répond aussi à la constance : la constance de la pensée et des intentions. Or s'il n'y a pas d'actions, c'est qu'il n'y a pas de pensées. Et s'il n'y a pas de pensées, c'est qu'il n'y a pas d'intention. Tu n'attireras donc rien avec un manque de constance.

Quel que soit le type d'inconstance auquel appartient ton comportement, les conséquences ultimes seront identiques. C'est leur intensité et le délai au bout duquel elles se feront sentir qui variera. Étant passé plus ou moins longtemps par le chaos, tu aboutiras dans tous les cas à l'abandon pur et simple de ton projet. C'est une épreuve de laquelle tu sortiras vidé, psychologiquement affaibli et peut-être avec le dégoût pour longtemps des lancements de projets.

Ta seule chance alors de rebondir et de te remettre en selle un jour sera de prendre tes responsabilités. Tu es le seul responsable de ce marasme entraîné par ton manque de constance. Et c'est une bonne nouvelle, car cela veut dire que tu peux faire quelque chose. C'est toi qui as la main. Si tu mets en place les stratégies qui suivent, si tu fais les exercices suggérés, cela ne t'arrivera plus. En tout cas, pas pour les mêmes raisons.

Cinq stratégies pour garantir ta constance

Suis un processus

De nombreux ouvrages de développement personnel ayant pour sujet la réussite t'invitent à te concentrer sur le résultat. Se concentrer et respecter le processus paye de bien meilleurs bénéfices. Car la réussite est un processus, pas un résultat. C'est le processus qui augmente les chances de réussite. « Sans processus, il n'y a pas d'événement[24]. », nous dit MJ DeMarco. Ne penser qu'au résultat revient à jouer au loto ; c'est ne croire qu'à la chance. Alors que la chance est le fruit d'un processus. C'est le constat de Thomas Jefferson : « Je crois beaucoup en la chance et je constate que plus je travaille, plus la chance me sourit. ».

Si le musicien fait des gammes, c'est parce qu'il s'intéresse au processus, pas seulement au résultat. Le résultat, jouer en concert ou sortir un disque, ne peut arriver qu'au prix d'un processus. Cela revient en quelque sorte à appliquer la célèbre formule de Lao Zi : « Il n'y a pas de chemin vers le bonheur. Le bonheur est le chemin. »

---

[24] MJ DeMarco, *L'autoroute du Millionnaire*, Contre-Dires, 2018.

Te mettre dans cet état d'esprit est un bon moyen d'avancer avec constance.

La formule du processus ressemble à celle d'un voyage (est-ce étonnant ?). Elle comprend cinq ingrédients indispensables : toi, la stratégie, le planning, l'action, et le chemin. Toi, tu es au cœur du processus. La stratégie réunit les moyens : financiers, matériels, humains. Le planning organise les actions dans le temps. L'action définit les étapes et décrit ce qu'il faut faire. Et le chemin dit par où tu passes.

Articule ces cinq ingrédients pour que le processus t'amène avec constance jusqu'à ton objectif. Optimise chaque jour la formule. Adapte-la aux circonstances qui peuvent changer à tout moment.

Lance le signal

Être constant consiste à instaurer des habitudes. Une habitude s'ancre solidement par la répétition, jour après jour, semaine après semaine. Pour les besoins de la démonstration, appelons « opération » une activité que tu souhaites transformer en habitude. Une bonne méthode pour aider à son ancrage est de lui associer un signal. Le signal a pour but de déclencher automatiquement l'opération avec le moindre effort et la moindre résistance.

On dénombre trois types de signaux : le top, le démarreur et le limiteur. Le top (comme top départ) est l'heure fixe (ou éventuellement le jour de la semaine si tu n'es pas en mode journalier) à laquelle tu souhaites démarrer ton opération. Par exemple, tu pourrais décider chaque matin au réveil de pratiquer une série d'étirements.

Le démarreur est l'activité juste après laquelle tu débuteras ton opération. Le démarreur te servira de locomotive, te donnera l'élan pour entrer en action. Avant de prendre ma douche froide le matin, j'utilise un démarreur qui consiste à me brosser la peau à sec pendant environ une à deux minutes. Dès que j'en ai terminé, je sens que mon corps réclame de façon pavlovienne le passage à la douche.

Enfin, le limiteur est une activité avant laquelle tu t'imposes de terminer une opération en particulier. Le début du limiteur marque précisément la fin de ton opération. Une superstition russe exige, pour qu'un voyage se passe dans les meilleures conditions, de se poser quelques minutes avant de quitter la maison, les valises à la main. Ici, le départ est utilisé comme limiteur pour un rituel antistress.

Choisir le bon signal en fonction des habitudes que tu veux créer t'aidera considérablement à maintenir ta constance.

Construis tes séquences

Il est possible d'utiliser une habitude déjà en place comme signal pour une habitude à installer. La plus ancienne servira à ta guise de démarreur ou de limiteur pour la nouvelle. Tu peux ainsi construire une séquence solide à l'intérieur de laquelle chaque habitude s'appuie sur une autre qui la précède ou la suit.

Une matinée standard est chez moi un long train d'habitudes qui s'enchaînent les unes après les autres dans un ordre immuable. J'utilise alternativement les trois types de signaux : le top, le démarreur et le limiteur. Grâce à mon réveil qui sonne à 4 heures du matin, je commence par un top qui déclenche mon passage à la salle de bain où se succèdent de façon fluide et à coup de démarreurs : brossage des dents, brossage du corps et douche froide, selon une durée libre en rapport avec mon envie du jour.

Puis je passe au tapis pour ma séance de yoga et de pranayama qui dure de une heure à une heure trente selon mes besoins. Ensuite, démarre ma session de méditation, que suit une série de visualisations et de gratitude. Enfin, je prends le temps de m'habiller. Pour conclure toute cette séquence matinale dédiée à mon bien-être, j'utilise un limiteur : je dois impérativement être opérationnel au plus tard à huit heures, soit pour travailler à la maison, soit pour partir en rendez-vous à l'extérieur (je ne prends pas de petit-déjeuner).

Réfléchis maintenant à la façon dont tu pourrais organiser ta journée efficacement en y répartissant tes habitudes. Et utilise les signaux à bon escient.

Engrange les petits gains

Pour aboutir à la constance, une stratégie est d'obtenir des gains rapidement. Un gain obtenu rapidement encourage à continuer pour engranger d'autres gains. L'important est d'amorcer le cycle. C'est sur le lancement qu'il faut te concentrer. La suite sera moins difficile. Car entretenir le mouvement coûte moins d'énergie que donner l'élan. Le gain n'a pas à porter forcément sur le résultat. Si tu décides de faire des exercices abdominaux quotidiennement, bien sûr qu'il n'y aura pas de changements visibles au bout d'une journée, ni même après une semaine. Mais la satisfaction de l'avoir fait suffira en elle-même.

Mais comment obtenir des gains rapidement ? En affichant des ambitions modestes. Prends le plus petit engagement possible. Prends l'engagement qui te garantit la victoire à coup sûr. Gardons le cas de l'activité physique. Par exemple, choisis de faire chaque jour cinq pompes. Cela te prendra vingt secondes maximum ; tu n'auras pas l'excuse du manque de temps. Si c'est trop épuisant, n'en fais que deux ou trois ; tu n'auras pas l'excuse de la fatigue. Si c'est trop compliqué, adopte une variante en appui sur les genoux plutôt que sur les pieds ; tu n'auras pas l'excuse de la difficulté. Lorsque tu auras levé les objections de temps, d'effort et de difficulté, rien ne pourra t'éviter de passer à l'action tous les jours. Tu toucheras tes gains dès la première fois.

Aussitôt que tu te sens vraiment très à l'aise avec ton engagement, sûr de ne jamais le manquer, augmentes-en légèrement le niveau, un tout petit peu. Il n'est pas question ici de sortir de ta zone de confort ; pas du tout. Surtout pas, tant que l'habitude n'est pas définitivement ancrée. Il s'agit juste de favoriser un progrès. Imagine que chaque jour tu appliques, dans n'importe quel domaine, une augmentation ne serait-ce que de 1% d'une quantité initiale, qu'il s'agisse de connaissance, de savoir-faire ou de disposition. Au bout de seulement un an, tu auras plus que quadrupler ton capital de départ. En partant de 1, tu arriveras à 4,64 le dernier jour. En partant de 10, tu arriveras à 46,40.

Prenons l'exemple de la lecture. Si tu lis 10 pages d'un livre le premier jour, 10,1 pages le deuxième jour, 10,2 pages le troisième et ainsi de suite, le dernier jour de l'année tu liras 46,40 pages. C'est peu chaque jour, mais c'est un gain énorme sur une année. Car au bout d'un an, tu auras lu 10 293 pages, l'équivalent d'une trentaine de livres de trois cent cinquante pages.

Va à l'essentiel

Certaines habitudes ont intensément plus de pouvoir que les autres. Je les appelle les habitudes essentielles. Elles sont plus importantes que les autres parce qu'elles peuvent littéralement transformer ton état d'esprit en profondeur, modifier tes comportements dans leurs moindres aspects et impacter plusieurs secteurs de ta vie.

Des chercheurs ont observé que les personnes qui tiennent un journal de tout ce qu'elles mangent s'orientent plus facilement vers une alimentation saine que celles qui suivent un régime, quel qu'il soit[25]. Tenir un journal alimentaire est une habitude essentielle.

Les habitudes essentielles peuvent amener des changements à une rapidité impressionnante. Lorsque cela t'arrivera, les gens qui te connaissent seront surpris de ta métamorphose qu'ils n'auront pas vue venir. Certaines personnes s'en réjouiront. D'autres le déploreront et te tourneront le dos. Mais la bonne nouvelle, c'est que tu gagneras de nouveaux amis plus en phase avec ton nouveau toi.

Parmi les habitudes essentielles, Charles Duhigg[26] recense entre autres : se lever tôt, prendre une douche froide, pratiquer un exercice physique, méditer, tenir un journal de gratitude, tenir un journal alimentaire, économiser… Mais ce ne sont pas les seules, car nous sommes tous différents. À toi d'en trouver d'autres qui fonctionnent pour toi.

Mets la priorité sur quelques habitudes essentielles, une ou deux pour commencer. La régularité que tu mettras à respecter ces habitudes influencera avantageusement ta constance dans de multiples aspects de ta vie.

---

[25] Hollis J. F. et al., "Weight loss during the intensive intervention phase of the weight-loss maintenance trial", *American Journal of Preventative Medicine*, 2008, n°35, p. 118-126.
[26] Charles Duhigg, *Le pouvoir des habitudes*, Flammarion, 2016.

Patience et longueur de temps

Les bienfaits du Cavalier de la Constance se répandent dans quasiment tout ce qui touche la réussite d'un projet. Voyons juste les principaux. Le premier bénéfice, et non des moindres, est que la constance enseigne la patience. Il te faudra attendre – parfois longtemps – avant d'entrevoir des résultats visibles. Une série de pompes quotidienne ne te donnera pas un corps de rêve au bout d'une semaine, ni même après un mois. La patience acquise dans la constance te sera utile dans tous les domaines, et pour encore plus de constance.

Un autre avantage que ne manque pas d'offrir la constance est de faire de toi un expert dans la matière sur laquelle elle porte. Le neurologue Daniel Levitin et le journaliste Malcolm Gladwell affirment tous deux qu'il faut 10 000 heures de pratique dans un domaine pour faire de n'importe quelle personne un expert dans ce domaine[27]. Le talent n'existe pas, seule la sueur donne des résultats. Grâce à la constance, en y consacrant chaque jour, chaque semaine, le temps qu'il faut, tu deviendras un expert dans ton secteur en 10 000 heures. Rien que pour cet avantage, cela vaut vraiment la peine d'être constant.

[27] Malcolm Gladwell, *Tous winners*, Flammarion, 2018.

Le Cavalier de la Constance t'invite à valoriser le moindre pas. Lorsque tu auras pris conscience que la lecture d'une dizaine de pages par jour t'amène à lire un livre entier en un an, tu auras de la considération pour les petites actions. Tu considéreras chaque pas comme important. Plus un seul ne sera dérisoire, car tu le visualiseras comme partie intégrante et nécessaire d'un grand chemin, d'une grande image. Conscient que chaque petit pas compte, tu agiras désormais en intégrant la notion de cumul des effets. Tu seras capable d'avoir une vue d'ensemble à partir du quotidien, une qualité primordiale pour un leader. En changeant ta perception des rapports de taille, tu gagneras une puissante vision à long terme.

Il te sera plus facile de rester concentré à la fois sur l'immédiat et sur l'objectif, sans jamais délaisser l'un au profit de l'autre. Découper une tâche complexe en petites tâches simples deviendra pour toi un réflexe te permettant de venir à bout de n'importe quel projet de grande envergure. C'est un talent que permet la constance et qui en même temps favorise la constance. La résolution de petits défis mis bout à bout résoudra automatiquement le défi-maître.

Nul doute que la constance renforce aussi confiance en soi. Chaque petite victoire qu'elle sème sur son chemin y contribue. Chacune de ces petites victoires fera partie de ton bouquet de gloire final. Ta confiance en toi ne peut que grandir à chaque marche franchie dans l'aisance. La constance te rendra fier : fier d'avoir avancé d'encore un pas, même sans bénéfice immédiat. Tu aurais pu choisir de ne pas faire ce pas, au profit d'une gratification instantanée, mais tu as préféré progresser.

Sur la notion d'engagement, le Cavalier de la Constance apporte aussi sa contribution. Parce que l'engagement est quotidien et modeste, il est plus facile à tenir. Si tu peux tenir de petits engagements, tu peux un peu plus tard tenir des engagements moyens, puis prendre des engagements plus élevés. Monter l'échelle progressivement, concentré sur chaque pas, tout en regardant le sommet, est l'une des principales caractéristiques de la constance.

Cinq exercices de constance

La todo list

Qui n'a jamais rédigé de *todo lists,* ces listes de choses à faire qu'on s'inflige parfois à l'excès pour être sûr de ne rien oublier de ce qu'il nous incombe d'accomplir ? Des listes souvent tellement chargées jusqu'à la tranche qu'elles n'ont rien de « tout doux », loin s'en faut. On coche ou on raye au fur et à mesure les lignes des tâches exécutées, plus soucieux de ce qui reste à abattre que réjoui de ce qui est réalisé. Le phénomène est tel que des applis *smartphone,* comme Wunderlist, existent désormais pour nous aider dans notre organisation.

Longtemps, j'ai vécu mes *todo lists* comme une énorme frustration, parce que je n'arrivais jamais au bout. Chaque soir, au moment de me coucher, il restait encore sur ma liste du jour un certain nombre de tâches non réalisées qui faisaient frein à ma constance. Je m'endormais alors avec le sentiment du devoir non accompli. Et le lendemain, je repartais tel Sisyphe dans une course usante. La nuit tombée, j'étais malheureusement toujours plus épuisé que ma liste.

Finalement, je compris le problème le jour où, en dressant ma liste, j'évaluai le temps que prendrait chaque tâche. Je me rendis compte que la durée totale ne pouvait absolument pas rentrer dans mon agenda. C'est pourquoi je n'en venais jamais à bout. Chaque jour lorsque tu écris ta liste, attribue une durée à chacune des tâches et assure-toi que la somme est réalisable dans la journée. Sinon, accomplis les tâches les plus importantes, et reporte ou délègue les autres. Ainsi tu garderas une constance méticuleuse dans ton travail.

Le collier de perles

La constance peut être aidée par la construction d'une chaîne. J'entends : une suite d'actions régulières, journalières, hebdomadaires ou mensuelles. Un alignement de bornes à intervalles réguliers qui ponctuent tes efforts. C'est un enfilage de perles sur un fil sans fin. Si une perle vient à tomber, le collier est rompu. Et tout est à recommencer.

Car l'objectif est alors de ne laisser subsister aucun blanc entre deux actions. L'attention est portée non pas sur chaque action, mais sur une vue globale en plan large. C'est la grande image de tes actions répétées que je t'invite à admirer au fur et à mesure qu'elle grandit en vertu de ta volonté. Certains sportifs apprécient ce genre de jeux qui leur permet de se lancer à eux-mêmes des défis perpétuels. Les journalistes ne sont pas en reste pour tenir les comptes et publier des statistiques, pour le plus grand plaisir des *aficionados* : onze matches sans prendre du but, cinquième tournoi invaincu, dix-huitième victoire de suite par K.O.

Au bout d'un moment, la suite sera telle que tu ne voudras sous aucun prétexte casser son harmonie. Pour rien au monde, tu ne supporterais une fêlure dans ton œuvre. Tu enchaînes alors les épisodes avec aisance, améliorant à chaque fois ta performance d'un jour de plus, d'une semaine de plus. Battre chaque jour un record, n'est-ce pas excitant ? « Aujourd'hui, cela fait huit jours que je tiens. » Les personnes en sevrage ont souvent recours à cette méthode pour résister à leur ancienne addiction. Pour t'aider, prolonge chaque jour un trait horizontal sur un calendrier bien en vue. Dans une semaine, ça fera quinze jours. Dans trois mois, cent jours… Déjà ! Tu n'auras bientôt plus à y penser, ni même à te soucier de compter. Ce ne sera plus qu'une belle et saine habitude.

Le long cours

La constance, par essence, se travaille dans la longueur et s'éduque par la patience. Voilà pourquoi, pour l'entraîner, il est bon de pratiquer une activité de si longue haleine que tu te sentes suffisamment désintéressé du résultat pour t'adonner au simple plaisir de la pratique quotidienne. Lorsqu'on sait se montrer constant dans une telle habitude, il est plus facile de l'être aussi pour une nouvelle activité.

Quelle occupation choisir sur le long terme ? Ce peut être une activité illimitée. La perfection n'étant pas de ce monde, l'art est sans fin. Choisis une pratique artistique qui t'attire. Nombreux sont les gens qui se disent « j'aurais tant aimé faire de la danse, de la musique, de la peinture… » Peut-être en fais-tu partie. C'est le moment de concrétiser ton rêve. Car en y regardant honnêtement, tes empêchements ne sont que des excuses.

Une activité cyclique pourrait aussi bien te contenter. Le jardinage est l'école de la patience et du miracle pur. De la patience, car entre les semailles et la récolte, le temps de la culture est incompressible. Du miracle, car quoi de plus merveilleux que de goûter la beauté d'une fleur ou de savourer les fruits de son jardin ?

Mais si l'infini et les cycles t'effraient, alors pour peu que tu apprécies la lecture, une saga littéraire fera bien ton affaire. Il te suffit de puiser parmi les classiques pour stimuler ta constance : *La Comédie humaine*[28] de Honoré de Balzac, *Les Rougon-Macquart* d'Émile Zola[29], ou encore *À la recherche du temps perdu*[30] de Marcel Proust, entre autres, sont des œuvres au long cours par excellence.

La planification

Le Cavalier de la Constance s'accommode assez mal de l'improvisation. Il préfère de loin l'organisation. Pour une efficacité maximale, ta constance doit être organisée par la planification d'un maximum de tâches en avance. Une habitude qui n'occupe pas, ne serait-ce qu'une toute petite place dans ton agenda, a toutes les chances de se faire griller la politesse par une autre activité. Fais de chaque tâche-pilier de ta constance une priorité non négociable inscrite au menu de ta journée ou de ta semaine, de préférence dans un créneau horaire fixe. Tant qu'une activité n'est pas une habitude bien ancrée, mieux vaut par sécurité lui réserver sa place. Plus tard une fois le réflexe acquis, tu pourras te dispenser de la mentionner dans ton planning et la gérer mentalement.

---

[28] Quatre-vingt-dix volumes dont l'écriture s'étale avec constance de 1829 à 1850.

[29] Émile Zola, encore un bel exemple de constance. De 1871 à 1893, l'auteur fait paraître les vingt tomes de la série *Les Rougon-Macquart*, écrivant avec une grande régularité trois à cinq pages par jour pendant plus de vingt ans.

[30] En sept tomes écrits de 1906 à 1922.

Inscrire tes activités à l'ordre du jour de chaque journée soulagera ton cerveau. Moins il doit penser, plus il préserve son énergie pour autre chose. Selon le poète W. H. Auden, « la routine chez un homme intelligent est un signe d'ambition », car elle aide à la réussite. Lui-même avait une journée très réglée de son réveil à six heures jusqu'à son coucher au plus tard à vingt-trois heures.

Simone de Beauvoir aussi avait une journée bien organisée. Travail de dix heures à treize heures. Déjeuner avec Jean-Paul Sartre. Puis à nouveau, travail de dix-sept heures à vingt et une heures, mais cette fois-ci chez Sartre. Pour Amélie Nothomb, c'est la période de quatre heures du matin à huit heures qui est réservée à l'écriture.

Si tu peux bloquer sur toute l'année des créneaux horaires pour tes activités récurrentes, fais-le. Sinon prends le temps chaque dimanche soir de planifier la semaine à venir.

Les secteurs de vie

Pour mieux profiter de la constance, commence par diviser ta vie en plusieurs secteurs. La répartition sera différente pour chacun selon sa situation personnelle et le moment de son existence. Voici quelques thématiques dont tu peux t'inspirer pour procéder à ton découpage personnel : la carrière, l'évolution spirituelle, le couple, la famille, les relations, les finances, la santé, les loisirs, etc.

Ensuite, demande-toi dans quels secteurs tu souhaites progresser. Quel est le domaine dans lequel tu veux t'améliorer ? Par exemple, si côté couple c'est le néant peut-être auras-tu envie de changer ça. Peut-être veux-tu une meilleure santé, de meilleurs revenus. À toi de déterminer exactement où sont tes priorités.

Maintenant, parmi tous ces secteurs pour lesquels tu as identifié une marge d'amélioration, choisis-en un ou deux, pas plus pour l'instant, à qui tu accorderas la primauté sur les autres. Et fixe-toi pour chacun un objectif de progression de un à cinq. Il s'agit des deux secteurs sur lesquels il te semble le plus urgent d'agir.

Enfin, choisis de mener avec constance une action dans chacun de ces secteurs de vie prioritaires. Choisis des actions que tu peux engager à petite échelle dès maintenant et régulièrement. Seule l'habitude te permettra de t'améliorer dans ces secteurs.

Grâce à cet exercice mené rigoureusement, tu instaureras petit à petit plus de constance dans ta vie. Une constance qui affectera avantageusement tous les compartiments de ton existence. Une seule action peut suffire pourvu qu'elle soit bien choisie pour amener du progrès.

Sœur Sainte-Marguerite ou la Constance

Sœur Sainte-Marguerite
(1860-1910)

Voilà quatorze ans que Sœur Sainte-Marguerite, Marie Germain dans le civil, a intégré l'Institution de Larnay en Vendée, spécialisé dans l'éducation des petites filles sourdes-muettes et des jeunes aveugles. Lorsqu'un jour de 1895, fuse dans l'établissement une véritable boule de fureur. Elle s'appelle Marie Heurtin. Initialement promise à l'asile de fous, la fillette a dix ans. Elle est sourde-muette et aveugle.

Sœur Sainte-Marguerite s'est déjà occupée d'une sourde-muette et aveugle. Mais le cas de Marie Heurtin est bien plus difficile, car elle est handicapée de naissance. La petite n'a jamais entendu un son, n'a jamais prononcé une parole, n'a jamais vu la lumière. Toutes ses portes de communication sont hermétiquement condamnées. Toutes sauf le toucher. Le défi est de taille. Mais la sœur décide de prendre l'enfant sous son aile.

À dix ans, n'ayant reçu absolument aucune éducation, Marie est totalement asociale. Percer l'obscurité dans laquelle est muré ce petit être paraît impossible. Elle frappe quand on la touche. Elle grogne, aboie, se roule par terre. Plusieurs fois, il faut la faire rentrer de force de la promenade en la portant à plusieurs par les bras et par les jambes, tandis qu'elle tord son corps rebelle dans tous les sens. Elle hurle même la nuit. C'est un animal sauvage, rétif à toute tentative d'approche.

Après deux mois de rage de la terrible Marie, Sœur Sainte-Marguerite la bienveillante, réussit une infime percée dans la carapace du petit animal. Elle a remarqué que Marie chérit particulièrement un petit couteau de poche qu'elle a ramené de chez elle. Elle le sert parfois dans sa main, se caresse le visage avec, le porte à sa bouche, le renifle, restant calme et méditative pendant de longues minutes.

Un jour, alors que Marie tient son cher couteau à la main, Sœur Sainte-Marguerite le lui confisque. Immédiatement, l'enfant se met en colère. Après un bref instant, Sœur Sainte-Marguerite lui rend le couteau. Puis elle lui prend les mains et lui fait mimer un index qui scie l'autre. C'est le signe du couteau en langue des signes. Elle reprend ensuite le couteau. À nouveau, Marie explose. La sœur recommence : elle rend le couteau, fait faire à Marie le signe puis reprend l'objet. Sœur Sainte-Marguerite réitère ainsi son manège à plusieurs reprises. Elle a l'intuition que c'est ce qu'il faut faire.

Jusqu'au moment où Marie comprend qu'en faisant le geste qu'elle vient d'apprendre, elle pourra récupérer son couteau. Et c'est exactement ce qui se passe : Marie fait le signe du couteau et la sœur lui rend son bien. La petite fille vient d'établir un rapprochement entre le signe et l'objet. Il aura fallu deux mois entiers. C'est une première victoire.

Dans les jours qui suivent, Sœur Sainte-Marguerite transmet à Marie, avec succès, le signe de chacun des objets qui l'entourent. Pour élargir ses possibilités d'expression, la sœur lui enseigne aussi l'alphabet dactylologique, où chaque lettre est représentée par une position de la main. Avec la même patience infatigable, Sœur Sainte-Marguerite s'attache ensuite à lui apprendre la lecture en Braille. En un an de labeur, elle réussit à obtenir que Marie sache lire et « parler ».

Mais l'enfant ne sait pour l'instant que désigner et reconnaître des objets concrets et des actions matérielles. Il est temps de lui apprendre à qualifier les choses. Sœur Sainte-Marguerite décide de procéder par comparaison. Grâce à la palpation, elle fait comprendre à Marie les notions de « petit » et de « grand », de « jeune » et de « vieux ». Elle va jusqu'à lui faire découvrir la mort, la laissant tâter le cadavre d'une sœur décédée récemment. Dans le même temps, elle parvient à lui inculquer des valeurs morales et des concepts abstraits.

Le philanthrope Georges Picot résume ainsi le parcours : « Je ne peux parvenir à détacher ma pensée de ce tête-à-tête de deux âmes, l'une emprisonnée dans une armure opaque et sourde, et l'autre en plein épanouissement d'intelligence et d'amour, frappant doucement à cette porte fermée, essayant de l'entrouvrir, ne se décourageant jamais, employant des semaines et des mois à guetter les moindres signes de vie, se servant de chaque progrès pour en obtenir d'autres et parvenant enfin à délivrer cette pensée, qui sans elle serait demeurée à jamais prisonnière[31]. »

Fort naturellement, et parce que la vocation de l'Institution de Larnay est aussi l'éducation religieuse, Sœur Sainte-Marguerite amène plus tard la question de Dieu. Elle commence par accompagner Marie à la boulangerie, la laissant toucher la farine, le pétrin, le pain chaud. Un autre jour, elles se rendent chez le menuisier où Marie peut caresser le bois brut, les différents outils et chacun des meubles finis. Un autre jour encore, leurs pas les mènent auprès du maçon ; là, Marie découvre le plâtre, la chaux et passe sa main sur les murs. Après avoir rendu visite à tous ces hommes qui fabriquent quelque chose de leurs mains, Sœur Sainte-Marguerite demande à Marie : « Sais-tu qui créa le soleil ? » « Le boulanger. », répond naïvement Marie, associant sans doute la chaleur du four à celle du soleil. Sœur Marguerite lui explique alors la hiérarchie : « Les petites filles sont en dessous des sœurs. Au-dessus, il y a la Mère Supérieure Sainte-Hilaire, puis l'Aumônier que tu connais bien et Mgr l'Évêque de Poitiers qui est venu nous rendre visite l'autre jour. L'Évêque obéit au Pape dont je t'ai déjà parlé et qui habite à Rome. Et plus grand que le Pape, il y a Dieu. Il est comme une âme sans corps. C'est lui qui a créé le soleil et toutes choses dans l'univers. »

---

[31] Georges Lenôtre, *Nos Français : Portraits de famille*, Grasset, 1941.

Sœur Sainte-Marguerite achève l'éducation de Marie Heurtin en 1905, après dix ans d'attention soutenue. Marie est alors une jeune fille de vingt ans, cultivée et bien éduquée, très loin de la petite sauvageonne qu'elle était en arrivant. Elle peut communiquer par divers moyens. Elle excelle en géographie, récite l'histoire sur le bout des doigts, et connaît les mathématiques. Et surtout, elle est imbattable aux dominos !

En 1907, Sœur Sainte-Marguerite recueille une nouvelle protégée : Anne-Marie Poyet, dix ans, sourde-muette et aveugle depuis l'âge de dix-sept mois. La sœur applique sur Anne-Marie sa méthode avec la même patience, assistée de Marie Heurtin désormais autonome. Mais elle ne peut aller jusqu'au bout, emportée en 1910, à cinquante ans, par une maladie pulmonaire.

Durant ses vingt-six années passées à l'Institution de Larnay, Sœur Sainte-Marguerite aura libéré trois âmes frêles de leur ténébreuse prison, portant la lumière jusque dans leur cœur. Avec un amour inconditionnel, elle a fait éclore l'intelligence de ces petits êtres perdus, capables grâce à elle de communiquer avec le monde. Elle s'est entièrement consacrée à sa mission avec abnégation, générosité et compassion, perfectionnant et formalisant sa méthode. Un bilan héroïque obtenu avec humilité par la constance.

La bonne formule

Mets au point la bonne formule de ta constance, de ton processus gagnant. Trouve le juste dosage des cinq éléments : entre toi, la stratégie, le planning, l'action et le chemin. Le choix des bons signaux t'aidera à passer facilement à l'action. Construis des séquences d'habitudes qui se renforceront mutuellement. Fais en sorte d'accumuler rapidement de petits gains. Par un démarrage victorieux, tu seras incité à continuer. Mets toutes les chances de ton côté en te concentrant sur quelques habitudes essentielles.

Construis des *todo lists* viables composées d'actions dont la durée totale tient parfaitement dans ton agenda. Matérialise d'un trait ta constance en reliant entre elles les actions accomplies. La continuité de ce trait visible t'incitera à rester constant pour ne pas briser la chaîne. Investis dans une activité à long terme qui ne sera de préférence jamais aboutie. Positionne dans ton agenda des routines indéboulonnables. Fais l'inventaire des secteurs de vie dans lesquels tu souhaites t'améliorer et fixe-toi un plan de progression.

Ce que tu gagneras avec la constance, c'est d'abord une infinie patience. Car tu devras avancer longtemps sans pouvoir apprécier de résultats visibles. L'heure de ton sacre final arrivera grâce à des petits pas réguliers. La pointe de la trotteuse d'une montre se déplace par très petits mouvements. Mais au bout de soixante secondes, elle a fait le tour du cadran. Au bout d'une heure, après trois mille six cents petits mouvements, elle aura fait soixante tours complets. De même après quelques pas seulement dans la bonne direction, tu auras atteint ton objectif.

Récapitulatif

Définition

La constance consiste à répéter avec régularité une action simple pour se rapprocher de son objectif. Elle est avant tout affaire d'habitudes. Elle repose sur la stabilité d'une force morale et suppose une fidélité indéfectible à ses propres engagements.

Cinq stratégies

- Suis un processus
- Lance le signal
- Construis tes séquences
- Engrange les petits gains
- Va à l'essentiel

Cinq exercices

- La todo list
- Le collier de perles
- Le long cours
- La planification
- Les secteurs de vie

IV

Le Cavalier de la Volonté

Mon corps est un jardin,
ma volonté est son jardinier.
William Shakespeare

Le Cavalier de la Volonté, qui te devance de quelques pas, fait partie de ta garde rapprochée. Plutôt tassé sur sa selle, la tête rentrée dans les épaules, enveloppé dans sa cape, il est constamment sur le qui-vive. Tu le verras souvent tourner la tête d'un côté et de l'autre, d'un coup sec, tel un faucon, l'œil vif, grand ouvert, donnant l'impression d'embrasser l'espace à 360 degrés. Le Cavalier de la Volonté est la vigilance personnifiée. Il a l'âme d'un guetteur. Il te protège des attaques, désamorce les tentations, détruit les distractions, parfois avant même qu'elles ne t'apparaissent, parce qu'il sait les débusquer dans les moindres fourrés, malgré leurs sournois camouflages. Grâce à lui, tu pourras rester concentré entièrement sur la voie, la tête droite.

La volonté concerne plus le chemin que l'objectif. « Là où se trouve une volonté, il existe un chemin. », nous dit Winston Churchill. La volonté t'évite le report de ton objectif en te maintenant sur le chemin.

Le mot « volonté » vient du latin *volo* qui signifie « je veux ». Selon le *Littré* la volonté est la « puissance intérieure par laquelle l'homme se détermine à faire ou à ne pas faire. »

La volonté est une disposition d'esprit : la décision de faire ou de ne pas faire. C'est le fait de résister à tout ce qui pourrait t'écarter de ta route : tentations, distractions, sollicitations. C'est la capacité de contrôler tes pensées, de maîtriser tes pulsions, d'orienter ton comportement.

Chez le Cavalier de la Volonté, il y a cette aptitude, en vertu d'une vision à long terme, à pouvoir refuser une gratification immédiate au profit d'une récompense différée. « Un homme sérieux ne se laisse pas détourner facilement, il peut se distraire, mais son itinéraire est tracé[32]. » La volonté est tournée vers l'épanouissement à long terme plutôt que centrée sur la satisfaction à brève échéance. C'est le Cavalier de la Volonté qui te permet de ne pas t'écarter du chemin qui te mène à l'objectif.

---

[32] Jiddu Krishnamurti, *L'impossible question*, Presses du Châtelet, 2010.

La maîtrise de soi

Le Cavalier de la Volonté te donne la puissance de rester sur le chemin, en direction de la cible. Napoleon Hill donne une indication sur la valeur de la volonté : « Un sondage que j'ai déjà mené auprès de 160 000 prisonniers des pénitenciers des États-Unis révèle le fait étonnant que 92 % de ces malheureux individus sont en prison parce qu'il leur manquait la maîtrise de soi nécessaire pour diriger leur énergie de façon constructive[33]. ».

Le Cavalier de la Volonté t'aide à rester concentré sur ton but. La volonté sert d'œillères salutaires te rendant aveugle à tout ce qui pourrait te détourner du parcours de ta réussite. C'est ainsi qu'elle permet de contrôler notre action au lieu de laisser l'action nous contrôler : nous décidons ce que nous faisons ou ne faisons pas. La volonté nous empêche de nous laisser entraîner en dehors du plan établi. Nous choisissons uniquement les actions qui nous rapprochent sensiblement de l'objectif final. Et nous délaissons les actions qui nous éloignent de l'objectif, qui nous écartent du chemin ou qui nous retardent dans notre planning.

---

[33] Napoleon Hill, *Les lois du succès tome 2*, Performance, 2012.

La volonté, le contrôle de soi, implique le contrôle de ses pensées. Car ce sont les pensées qui déterminent les actions. « Personne ne peut contrôler les autres à moins de se contrôler d'abord lui-même[34]. », nous dit Napoleon Hill. La volonté est donc avant tout la maîtrise des pensées sans lesquelles la maîtrise des actions n'est pas possible. Car la pensée, consciente ou inconsciente, précède l'action.

La maîtrise des pensées exclut les sentiments négatifs comme la peur, la haine, la jalousie, qui ne font qu'entraver la progression d'un projet. Toute émotion nuisible est à bannir sous peine de s'enliser durablement, voire de s'immobiliser définitivement. Car l'énergie nécessaire à la remise en mouvement (passer de l'immobilité à la mobilité) est supérieure à l'énergie demandée pour maintenir le mouvement.

Le Cavalier de la Volonté rassemble les émotions positives qui font avancer le projet. Faire preuve de volonté, c'est ne laisser entrer dans son esprit que des pensées positives et fermer la porte aux pensées négatives. C'est ainsi que s'exprime le mieux la maîtrise de soi. C'est le sens des paroles de Napoleon Hill : « Placez de manière délibérée dans votre esprit le genre de pensées que vous voulez entretenir et gardez hors de votre esprit les pensées

---

[34] *Ibid.*

que d'autres essaient d'y placer par la suggestion et vous deviendrez ainsi une personne en pleine maîtrise de soi. ».

En affirmant sa volonté, on refuse les influences extérieures dispersantes. La volonté est le garde-fou contre les pulsions divergentes. Elle nous aide à ignorer les sollicitations hors cadre qui bordent le chemin. Elle nous donne toutes les chances d'arriver à bon port dans la pureté d'un élan positif.

La volonté est l'une des vertus les plus importantes à cultiver. Garde-toi des influences négatives, des tentations et des distractions. Emplis ton esprit de pensées positives orientées vers ton objectif. Et choisis les actions qui te rapprochent de ton but au détriment de celles qui te dispersent et t'éloignent.

Le prix de la tentation

L'absence du Cavalier de la volonté se paye cher, très cher. Sans volonté, tu céderas aux moindres tentations. Sans volonté, tu seras attiré vers les moindres distractions. La volonté t'aide à ne pas t'écarter du chemin. Sans elle, il est facile de mettre un pied à côté, puis un autre, et de ce fait de prendre une autre direction que celle pointée vers l'objectif. En se pardonnant un petit écart exceptionnel par manque volonté, on s'en prépare d'autres, tout aussi exceptionnels. Chaque écart est si petit qu'il paraît impensable qu'il puisse porter atteinte à l'ensemble de la grande image. Seulement une fois tous les écarts additionnés, tu découvriras à quel point ils peuvent porter préjudice à toute ton entreprise.

Tous ces écarts entraîneront, comme par fatalité, un retard important dans l'accomplissement de ton projet : la somme de tous les petits retards engendrés par chacune des exceptions. Et ce retard peut verser dans l'abandon pur et simple de ton idéal. Car un trop long retard aura pu faire naître une lassitude ou un découragement. Le bilan sera beaucoup d'énergie dépensée pour très peu de résultats. De nombreux projets échouent simplement par manque de volonté.

Ce retard considérable dans ton projet ou, pire, son abandon, ne sera pas sans conséquences psychologiques. Une immense frustration s'installera, suivie dans bien des cas d'une colère impuissante doublée parfois d'un sentiment de culpabilité. Car il se peut qu'après tant d'errances, il soit trop tard pour redresser la barre, trop tard pour une seconde chance. Lorsque la colère sera éteinte, il restera la tristesse, les remords… et toujours la culpabilité.

Un bilan négatif, que tu sois près ou loin du but, débouchera immanquablement sur une chute vertigineuse de ton estime de soi. Ce qui peut éventuellement aboutir dans la foulée à une déprime ou une dépression. C'est toujours une grande déception de devoir jeter l'éponge lorsqu'on a le sentiment d'avoir fait ce qu'on a pu.

Sans le Cavalier de la Volonté, il est bien compliqué de faire face aux difficultés. Car l'absence de volonté conduit généralement au choix le plus facile, qui n'est évidemment pas celui de résoudre la difficulté. Plus tard, tu pourrais te trouver lâche de n'avoir pas su trouver le ressort pour dépasser l'obstacle. Mais sans volonté, ce n'est pas possible : la moindre difficulté paraît insurmontable.

Le défaut de volonté mène aussi à l'incapacité décisionnelle, cette difficulté que l'on a à faire les bons choix. La pression étant supérieure à cet instant à la volonté, fait vaciller l'assurance. La clarté d'esprit manque, les certitudes tremblent. Et certaines décisions peuvent s'avérer plus tard désastreuses.

Si l'on connaît plutôt bien le pouvoir de la volonté, on sous-estime en revanche trop souvent celui, dévastateur, du manque de volonté. Il peut pourtant mettre en danger non seulement le projet en cours, mais aussi les projets futurs qui ne verront peut-être jamais le jour, et surtout l'équilibre psychologique du porteur de projet.

Cinq stratégies pour muscler ta volonté

Élimine les tentations

Les tentations mettent ta volonté à rude épreuve. Avant même que tu aies pensé aux conséquences de ton acte, tu peux te retrouver à faire ce que tu ne voulais surtout pas faire, sans comprendre ce qui a bien pu se passer. C'est ainsi que tu découvres ton peu de volonté.

Je ne dirais pas comme Oscar Wilde : « Le seul moyen de se délivrer d'une tentation, c'est d'y céder. » Mais il a raison lorsqu'il ajoute : « Résistez et votre âme se rend malade à force de languir ce qu'elle s'interdit. » À la longue, la résistance aux tentations peut épuiser ta volonté.

C'est pourquoi, tant que tu n'as pas une solide volonté, mieux vaut éviter de te soumettre à la tentation. Tu as tout intérêt à écarter prudemment toutes les tentations qui se trouvent autour de toi. Qu'elles soient hors de ta vue, hors de ta portée.

Si tu as pour objectif de te nourrir sainement ou de mincir, vide ton garde-manger et ton frigidaire de tout ce qui ne peut être qualifié objectivement de nourriture saine. Faute de quoi, ne t'étonne pas si tu te retrouves comme un somnambule hébété, la main dans le paquet de chips ou la bouche pleine de bonbons.

Si tu es un « récent-ancien-fumeur », ou un « tout-jeune-ex-alcoolique », évite dans un premier temps les soirées enfumées et alcoolisées. Au mieux, tu en tirerais une grande souffrance. Au pire, tu craquerais et tu te détesterais : retour douloureux à la case départ.

Lorsque ta volonté sera vraiment ferme, alors tu pourras parader fièrement un jus de fruit à la main, parmi les buveurs d'alcool extrémistes, les fumeurs invétérés, les mangeurs de chips compulsifs, et autres adeptes de comportements nuisibles à la santé. Mais au début, une extrême prudence est toujours de mise.

Limite les distractions

Aujourd'hui dans notre monde ultra connecté, nous avons un choix incommensurable de distractions. Il est possible de consacrer la moitié d'une soirée rien que pour choisir la chaîne de télévision que l'on veut regarder, pour finalement finir assis jusqu'au bout devant un programme qu'on n'apprécie pas tant que ça. Nous pouvons passer aisément d'une distraction à une autre en zappant sur Internet, en sautant d'un jeu vidéo à l'autre, en surfant sur les réseaux sociaux. Tous ces médias, ces nouvelles technologies, sont d'une grande utilité pour s'informer, pour se laisser inspirer. Mais si tu ne les contrôles pas, ils te contrôleront.

Plutôt que de passer ta soirée à zapper, n'allume ta télévision que lorsque tu as choisi un programme que tu as vraiment envie de voir. Supprime tout ce qui relève des stratégies *push*, ces applications qui te tapent fréquemment sur l'épaule ou te tirent avec insistance par la manche pour te dire « Hé ! Je suis là. Viens jouer avec moi ! » C'est à toi de décider quand les consulter, pas à elles.

J'ai un compte sur quasiment chacun des réseaux sociaux qui existent aujourd'hui : Facebook, Messenger, LinkedIn, Viadeo, WeChat, WhatsApp, Skype, Snapchat, Tango, Viber, Twitter, etc. Et j'ai une dizaine d'adresses email. Imagine si mon téléphone sonnait ou vibrait chaque fois que je reçois un message sur un de ces réseaux sociaux !

Désactive toutes les notifications de ton téléphone et de ton ordinateur : les sons, les bannières, les pastilles – qui peut résister longtemps à la vue d'une pastille affichant le nombre de nouveaux messages ? Et connecte-toi à heures régulières. Je ne consulte mes emails que deux fois par jour : le midi et le soir – et uniquement sur mon ordinateur. Je mets fréquemment mon téléphone sur silencieux. Ainsi je peux me concentrer sur mon travail.

Diminue le stress

Le stress épuise la volonté. C'est même l'un des facteurs clés de son épuisement. Plus tu es stressé, moins tu as de volonté. Et donc moins tu pourras prendre les bonnes décisions, celles qui vont dans le sens de tes intérêts à long terme et de ton projet. C'est alors que tu choisiras les sucreries plutôt que les fruits, la télévision plutôt que le sport, un somnifère plutôt qu'un câlin.

Décide donc de diminuer ton stress par des moyens durables et bons pour ta santé. Nous en avons déjà évoqué certains : la méditation, la respiration, le sport. Toutes ces activités vont vraiment t'apaiser si tu t'y adonnes assidûment. Mais il y a bien d'autres façons de faire baisser ton stress : le yoga, le tai ji chuan, le qi gong, le dao yin, le massage, l'hypnose, la TFT[35], l'EFT[36], la cohérence cardiaque, etc. Tu trouveras toutes les informations nécessaires sur Internet. Le choix ne manque pas. Sélectionne les pratiques qui te conviennent le mieux.

Ne repousse pas trop loin tes limites. Ménage-toi suffisamment de pauses pour te ressourcer. Le stress est une bonne chose s'il te stimule, s'il t'invite à l'action grâce à des délais serrés, des objectifs pointus. Mais s'il te paralyse et t'empêche de mener tes tâches à bien, il est absolument vital de l'endiguer. Tu peux le faire diminuer grâce à toutes les techniques que je t'ai citées. Mais revoir tes ambitions à la baisse en matière de délais, de qualité ou de coûts, est aussi une option. Car ton stress vient peut-être d'un niveau d'objectif que tu as du mal à assumer.

Réduis les décisions

Le psychologue Roy Baumeister[37] est l'un des premiers à avoir décrit la volonté comme un muscle qui peut grossir ou s'affaiblir en fonction de son utilisation. Une méta-ana-

---

[35] Thought Field Therapy.
[36] Emotional Freedom Technique.
[37] Roy Baumeister et John Tierney, *Le pouvoir la volonté*, Flammarion, 2017.

lyse de 2010, basée sur quatre-vingt-trois études et 198 expériences, et menée par Martin Hagger, confirme le phénomène d'épuisement de la volonté[38]. Plus nous avons de décisions à prendre, plus notre volonté est épuisée et moins nos décisions sont pertinentes.

En 2012, Barack Obama, alors à la tête des États-Unis, déclarait : « Je ne porte que des costumes bleus ou gris, j'essaie de réduire au minimum le nombre de décisions à prendre. Je ne veux pas en prendre en rapport avec ce que je porte ou ce que je mange, parce que j'en ai trop à prendre par ailleurs. Vous devez mettre en place une routine, vous ne devez pas être distrait par des choses triviales pendant votre journée. » À l'instar du président américain, d'autres personnalités ont supprimé leur choix vestimentaire pour se concentrer sur les grandes décisions : Albert Einstein, Steve Jobs, Karl Lagerfeld, Tom Wolfe, Mark Zuckerberg, etc.

Une étude de 2011 analysant 1 112 décisions de justice[39] portant sur la libération sur parole nous apprend que le pourcentage de décisions favorables passe de 65 % en début de session à presque 0 % en fin de session. Le

---

[38] Martin Hagger et al., « Ego Depletion and the Strength Model of Self-Control: A Meta-Analysis », Psychological Bulletin, 2010, vol. 136, n°4, p. 495-525.

[39] Shai Danziger, Jonathan Levav, and Liora Avnaim-Pesso, PNAS, 2011, vol. 108, no. 17, p. 6889–6892.

pourcentage remonte à 65 % après une pause pour tendre à nouveau vers 0 % au cours du temps. La sévérité des juges de l'étude n'était influencée ni par la nature du crime, ni par le sexe, ni par l'origine ethnique, mais uniquement par la fatigue.

Pour éviter les conséquences de la fatigue décisionnelle, réduis drastiquement les situations qui nécessitent des prises de décisions. Et prends les décisions importantes de préférence le matin ou après une pause lorsque tes facultés sont alors optimales.

Pense à la récompense

Si tu as prévu une récompense pour t'aider à être discipliné, utilise-la pour t'aider à garder ta volonté. Dès que tu sens que tu vas faiblir, pense à ta récompense. Dis-toi que la récompense à long terme vaut mieux qu'une gratification immédiate.

Entre 1968 et 1974, Walter Mischel, professeur de psychologie à Stanford (Californie), a mené avec 550 enfants de maternelle une expérience sur les ressorts de la volonté. Cette expérience est connue sous le nom de « Test du marshmallow[40] ». Chaque enfant seul dans une pièce est

[40] Walter Mischel, *Le test du marshmallow*, Lattès, 2015.

installé sur une chaise face à une table. Sur la table est posée une petite assiette contenant une guimauve. L'enfant a le choix entre manger la guimauve tout de suite ou attendre le retour de l'expérimentateur pour en avoir une deuxième en récompense. Environ un tiers des enfants observés patientent pour savourer deux guimauves au lieu d'une. Certains résistent une vingtaine de minutes. D'autres craquent au bout de quelques secondes[41].

Après avoir suivi ces enfants pendant plusieurs décennies, Walter Mischel établit une corrélation entre le comportement d'un enfant pendant l'étude et sa réussite ultérieure. Il constate : « [...] ceux qui patientaient le plus longtemps en maternelle persévèrent davantage une fois adultes dans leurs objectifs à long terme et les atteignent plus souvent [...] » Pour le chercheur, la faculté à renoncer à une gratification immédiate au profit d'une récompense différée est donc un facteur de réussite.

Dans ses conclusions, Walter Mischel insiste sur le fait que la volonté peut être améliorée. Entraîne ta volonté en te focalisant sur la récompense que tu gagneras à l'issue de la tâche, de la phase ou du projet. En faisant cela, ta volonté se musclera et ton objectif a les plus grandes chances d'être atteint.

---

[41] Plusieurs extraits de cette expérience sont visibles sur Youtube.

Les bons choix

Une forte volonté permet de résister aux tentations. Sur la route vers ton objectif, un nombre impressionnant de tentations, petites ou grandes, peuvent détourner ton attention. Il te suffira de les regarder pour ce qu'elles sont – un retard de ton projet – et de t'en détourner sans tarder. Les tentations ne sont que des obstacles à tes véritables aspirations. Avec suffisamment de volonté, tu n'auras pas besoin, comme Ulysse, de te faire attacher au mât du bateau pour éviter de suivre les sirènes de la gratification immédiate.

De même, une volonté ferme te fera éviter les distractions comme autant de chemins t'écartant de ton axe de progression. Comme les tentations, les distractions ne font que différer la réalisation de tes aspirations. Grâce au Cavalier de la Volonté, tu seras sourd et aveugle à toutes ces occasions divertissantes. Ces dernières finiront par glisser sur l'armure de ta volonté. Plus ta volonté sera grande, moins tu craindras tentations et distractions.

Tu avanceras alors inexorablement vers ton objectif. C'est ce que permet une solide volonté : une progression sans écart vers une cible déterminée. Bien sûr, il y aura des obstacles, mais le Cavalier de la Volonté les écartera avec maestria. Si ton objectif est clair, la volonté te maintiendra fermement sur le chemin malgré les détournements possibles et les vicissitudes.

C'est ainsi que tu sauras mieux gérer les frustrations. Car l'atteinte d'un objectif suppose des concessions, des sacrifices. Une vraie volonté taillée de ta main te fera aisément faire le deuil des différents renoncements qui paveront la voie de ton succès. Les déceptions, les frustrations n'auront que peu de poids face à la réussite vers laquelle te mène ta volonté. Tu n'auras aucun regret, car tu auras fait des choix en accord avec ta vision.

Ces choix, tu les auras prononcés grâce à une capacité décisionnelle accrue. C'est un autre bienfait d'une volonté de fer : la capacité à prendre des décisions. La réussite d'un projet tient souvent à une succession de bonnes décisions. Les mauvaises décisions sont celles qui font prendre un détour inutile ou oblige ensuite un retour en arrière pour reprendre le bon chemin. Avec la volonté, tu seras en mesure de prendre avec assurance des décisions tranchées qui te rapprocheront de ton but.

Une volonté entraînée éradique la peur, la peur des difficultés notamment. Car lorsque tu as résisté aux tentations, évité les distractions et géré les frustrations, que peux-tu craindre encore ? Bien peu de choses en vérité. Très peu de difficultés seront suffisamment imposantes pour te détourner de ta mission. Sans crainte des difficultés, tu te sentiras pousser des ailes qui te porteront droit au but.

Pour tous ces bienfaits qu'elle t'apportera, tu as tout intérêt à cultiver la volonté et à la faire grandir. Ta volonté te maintiendra sur le chemin indépendamment des circonstances extérieures. Tu progresseras vers l'objectif malgré les tentations, malgré les distractions, malgré les frustrations, sans craindre les difficultés, et en faisant à chaque instant les bons choix.

Cinq exercices de volonté

Le jeûne

Le jeûne est assurément l'un des meilleurs exercices de volonté. De plus, il fait partie des habitudes essentielles, celles qui ont des répercussions dans d'autres sphères de la vie personnelle. Les bienfaits du jeûne sont largement documentés à travers des livres de plus en plus nombreux.

Celui de Herbert Shelton[42], parmi les plus anciens, est toujours d'actualité.

On distingue trois types de jeûne. Durant le jeûne hydrique, on ne mange rien et on ne boit que de l'eau. Le jeûne intermittent, qui peut être un style de vie au quotidien, consiste à faire une pause alimentaire pendant seize heures (on ne boit que de l'eau) ; pendant les huit heures restantes, on fait autant de repas que l'on veut, un, deux ou plus. Le troisième type de jeûne est le jeûne sec : on ne mange rien, on ne boit rien. Absolument aucune substance ne pénètre dans le corps. Le jeûne sec peut être combiné avec le jeûne intermittent. On parle alors de jeûne sec intermittent.

Décide de faire un jeûne sec ou hydrique d'une journée sur une base régulière[43]. Cela peut être une fois par semaine ou une fois par mois. Choisis un jour où tu as peu de chances d'être invité à déjeuner ou à dîner. Le dimanche peut être un bon jour si tu as l'habitude de rester seul ce jour-là. La première fois que tu feras ce jour de jeûne sera

---

[42] H. M. Shelton, *Le jeûne*, Courrier du Livre, 2002.

[43] Un jeûne hydrique jusqu'à trois jours ou un jeûne sec d'une journée ne nécessitent aucune préparation particulière ni aucune précaution de reprise. Au-delà, je te suggère de bien te documenter et de te faire accompagner par un spécialiste, car les conséquences d'une mauvaise préparation ou d'une reprise hasardeuse peuvent être particulièrement inconfortables, voire dangereuses.

sans doute inconfortable. Mais après trois ou quatre fois, ça ne te paraîtra plus si difficile, d'une part parce que ton mental ne sera plus surpris par cette privation, d'autre part parce que tu auras acquis plus de volonté.

Un apprentissage difficile

Apprendre quelque chose de difficile est un bon moyen de doper la volonté. Moins cet apprentissage est directement utilisable, plus ta volonté sera mise à l'épreuve. En effet, s'il n'y a aucune urgence à acquérir le savoir-faire ou les connaissances que tu envisages, tu auras plus de difficultés à résister à d'autres activités plus urgentes ou ponctuellement plus attrayantes.

C'est pourquoi il est important que tu choisisses un apprentissage que tu auras plaisir à suivre ou dont tu sais que l'aboutissement te procurera une immense satisfaction. Le plaisir t'aidera à maintenir ta volonté jour après jour, semaine après semaine.

Un apprentissage avec un professeur en chair et en os à des horaires fixés à l'avance facilitera ta volonté. Car t'étant engagé vis-à-vis de quelqu'un, tu seras moins enclin à manquer une session. Mais si tu penses avoir déjà une volonté solide, tu peux aussi bien choisir un apprentissage autonome, quel que soit le moyen : en ligne, grâce à une application ou à l'aide de livres. Tu devras alors faire preuve d'autodiscipline en t'imposant un planning.

Le catalogue des apprentissages difficiles est très vaste et touche tous les domaines. En expression corporelle, tu peux choisir la danse : danse classique, danses latines, danse moderne. En art graphique et plastique, il y a le dessin, la peinture, la sculpture. Et pourquoi pas une langue ? Le chinois, avec ses quatre tons et ses idéogrammes, est une langue particulièrement difficile pour un Occidental. Les sciences, le bricolage, l'écriture, il y a quantité de domaines à approfondir. Choisis ton apprentissage. Fixe ton emploi du temps. Et respecte ton planning. Ne te donne pas le choix. Ta volonté se renforcera à chaque épisode. Et en plus, tu t'enrichiras en apprenant quelque chose.

Se lever tôt

D'après Hal Erod, l'auteur de *Miracle Morning*, se lever tôt est source de nombreux bienfaits : « Il suffit de changer ta façon de te réveiller pour transformer, plus vite que tu ne l'aurais imaginé, n'importe quel pan de ta vie[44]. » Cela

[44] Hal Erod, *Miracle Morning*, First, 2016.

augmente l'énergie, réduit le stress, améliore la santé, augmente la productivité et renforce la concentration. Mais selon moi, le plus gros avantage est que le fait de se lever tôt muscle la volonté, ce qui a un impact sur tous les aspects de la vie. Seulement, c'est vrai qu'il faut quand même un peu de volonté pour se lever une ou deux heures plus tôt qu'avant et en faire une habitude.

C'est pourquoi tu peux procéder en douceur en avançant ton réveil de dix minutes chaque jour. En seulement six jours, tu te réveilleras une heure plus tôt qu'avant. Et en moins de deux semaines, tu auras gagné deux heures de bonus quotidien. Si tu n'avances ton réveil que de cinq minutes, tu parviendras au même résultat en seulement un mois. Pendant que les autres dormiront, tu seras en train de vivre ta vie. Prévois comment employer ce temps additionnel loin du téléphone, de l'ordinateur et de la télévision. Compose une routine que tu respecteras au réveil sans réfléchir.

Procède petit à petit. Ajoute de petites routines au fur et à mesure que tu allonges ton temps de veille matinale. Tu ne tarderas pas à te sentir d'une volonté à toute épreuve. Et il en faut une bonne dose au début pour quitter le confort d'un lit douillet et la chaleur de la couette en hiver.

L'observation

La dopamine est souvent citée dans la liste des hormones du bonheur. En vérité, c'est un neurotransmetteur[45] qui n'agit pas toujours pour notre bonheur. La perception d'un signal associé à une récompense entraîne une libération de dopamine. Cette perception peut se faire par la pensée ou par l'un des cinq sens. La présence de dopamine renforce le désir de la récompense liée au signal. Si le désir n'est pas satisfait, une baisse de la dopamine s'ensuit accompagnée d'un inconfort. C'est cet inconfort potentiel qui rend le désir si impérieux. Car la dopamine exige une satisfaction immédiate. L'assouvissement du désir produit un soulagement.

Que peux-tu faire pour échapper à ce scénario fatal ? Tout d'abord, lorsque cela arrive, prends conscience de ta montée de dopamine et comprends quel signal en est à l'origine et quel désir est activé. Ne cherche pas à résister à la tentation. Contente-toi d'observer le processus. Le mécanisme te pousse à la gratification instantanée ; la dopamine n'a pas de patience. Et c'est cet inconvénient que tu peux tourner à ton avantage.

---

[45] Les hormones appartiennent au système endocrinien. Elles sont produites par des glandes et circulent dans le sang. Les neurotransmetteurs sont libérés par les neurones et circulent dans le système nerveux.

La dopamine est impatiente, mais elle se lasse vite. Au bout d'environ dix minutes d'attente de la récompense, si rien ne vient, le désir faiblira voire s'éteindra. Ainsi lorsque tu as pris conscience du mécanisme, règle ton minuteur sur dix minutes. Ferme les yeux, respire profondément et pense à ton objectif ultime. Rappelle-toi pourquoi tu es sur ce chemin. Le plein épanouissement qui t'attend en bout de parcours ne vaut-il pas mieux qu'une petite gratification immédiate qui retardera ton avancée ? Quand tu ouvriras les yeux dix minutes plus tard, le désir aura totalement disparu ou sera si faible qu'il ne présentera plus aucun danger.

La nouveauté

La lassitude est l'ennemie de la volonté. La lassitude mène sournoisement à l'ennui profond. Une volonté encore tendre a toutes les chances de céder sans coup férir face à l'ennui. Comment trouver assez de volonté pour faire quelque chose d'ennuyeux ? En supprimant le caractère ennuyeux de l'activité en question. Essayer quelque chose de nouveau peut t'aider à garder ta volonté en dépit du train-train.

Supposons que tu aies pour objectif de mincir et que tu aies choisi pour cela un régime basé sur un choix restreint d'aliments et un mode de cuisson exclusif. Il y a des chances qu'au bout de quelques jours, tu aies envie d'abandonner, même en présence de résultats encourageants. C'est le moment d'introduire quelque chose de nouveau : ajouter des épices, changer la coupe (par exemple en dés plutôt qu'en julienne), essayer une autre présentation. Ces petites variantes peuvent suffire à maintenir ta volonté.

Dans le cadre d'une routine de sport qui devient lassante, tu peux aussi ajouter de la nouveauté : introduire des variantes aux exercices, faire d'autres exercices ayant le même objectif, changer l'ordre des exercices. Toutes ces possibilités soutiendront durablement ta volonté au moment où elle chancelle.

Lorsque tu pressens qu'une activité pourrait devenir lassante à la longue, prends soin d'ajouter une nouveauté régulièrement, toutes les semaines ou tous les mois. N'attends pas que la lassitude pointe le bout de son nez. Pour de meilleures chances de succès, anticipe et programme les nouveautés à l'avance.

Noor Inayat Khan ou la Volonté

Noor Inayat Khan
(1914-1944)

Au moment où elle pose le pied clandestinement sur le sol français, près d'Orléans, durant la nuit du 16 au 17 juin 1943, Noor Inayat Khan n'existe plus. Elle est désormais Jeanne-Marie Régnier, bonne d'enfants. Nom de guerre : Madeleine. Nom de code opérationnel : Nurse. Sous-lieutenant de la WAAF[46], en mission pour le SOE[47] section F, sa mission est d'assurer les liaisons radio pour le réseau de

[46] La WAAF (Women's Auxiliary Air Force) est la Force Féminine Auxiliaire de la Royal Air Force (RAF) durant la seconde guerre mondiale.
[47] Le SOE, Special Operations Executive (Direction des Opérations Spéciales) est un service secret britannique créé par Winston Churchill, ayant pour mission de soutenir les actions de résistance de tous les pays en guerre contre l'Axe.

résistants Phono, et de mettre le « feu à l'Europe[48] ». Noor est le premier agent secret féminin infiltré en France occupée. Elle sait qu'elle n'a qu'une chance sur deux de retourner en Angleterre et de revoir un jour les siens.

À deux reprises, sa famille a dû fuir la violence. Une première fois de la Russie vers l'Angleterre en 1916, juste avant la révolution bolchévique, parce que la famille Inayat, qui descend d'un saint soufi du XVᵉ siècle et d'un sultan indien du XVIIIᵉ siècle, est de sang royal. Une deuxième fois de la France vers l'Angleterre en 1940, quand l'armée allemande entre dans Paris, parce qu'entretemps la famille a pris la nationalité britannique.

Cette fois-ci, Noor a décidé de se battre. Elle aurait pu vivre une vie de princesse, faire une carrière de harpiste après ses études à l'École Normale de Musique de Paris, écrire des livres pour enfants[49] après ses études en psychologie de l'enfance à La Sorbonne, ou encore exercer son métier d'infirmière à La Croix-Rouge. Mais faisant preuve de volonté, elle choisit d'agir en territoire ennemi.

À peine est-elle arrivée à Paris que le vaste réseau Prosper-Physician dont dépend le sien s'effondre, victime

---

[48] Selon l'expression de Winston Churchill, lui-même.
[49] Noor Inayat Khan, *Les contes des vies passées du Bouddha*, Éditions Claire Lumière, 2018.

d'une vague d'arrestations sans précédent de la part de la Gestapo. Soupçonnant la présence d'une taupe, le commandement du SOE invite Noor à rentrer d'urgence. Mais elle refuse catégoriquement de laisser les rescapés sans opérateur radio. Elle a, de plus, l'ambition de reconstruire le réseau.

Le 1er juillet, Noor échappe de peu à une arrestation après une poursuite dans les rues de Grignon, en banlieue parisienne. Le chef de la section F, Maurice Buckmaster, lui propose à nouveau une exfiltration. Mais elle tient à accomplir sa mission. Elle se cache pendant quinze jours chez une membre du réseau. Elle continue à émettre, mais dans des conditions extrêmement difficiles, car elle ne peut le faire chez sa logeuse sans la mettre en danger.

Mi-juillet, Noor se trouve un studio dans un immeuble de Neuilly-sur-Seine. Mais elle est encore obligée d'émettre dans des situations compliquées, hors de chez elle, car le reste de l'immeuble est occupé par des SS. Chaque émission en morse chiffré ne doit durer que vingt-cinq minutes maximum, car il faut trente minutes aux fourgons de chasse goniométriques allemands pour localiser un émetteur clandestin et se rendre sur place. Durant sa préparation au camp d'entraînement de Thames Park, Noor s'est entraînée à taper le plus vite possible, allant jusqu'à louer un émetteur durant son temps libre pour améliorer sa vitesse.

Fin juillet, lors d'une mission à Auffargis, dans les Yvelines, Noor échappe encore de justesse à la Gestapo. Le numéro 2 de la section F insiste encore pour que l'agent soit rapatrié. Mais Noor refuse à nouveau : elle veut attendre l'arrivée de son remplaçant. Tous les opérateurs ayant disparu, elle est maintenant la seule opératrice radio de la section F en région parisienne. Ce qui fait dire au directeur du SOE : « Son poste est actuellement le plus important et le plus dangereux de France. »

Réussissant à déjouer la vigilance des Allemands, Noor continue sa mission de renseignement, en transmettant des messages vers l'Angleterre et en décodant les messages reçus pour la Résistance. Le 30 août 1943, lorsque dans un appartement de la place de l'Alma, le Conseil National de la Résistance élit à sa tête le remplaçant de Jean Moulin arrêté en juin, c'est Noor qui transmet, depuis la cuisine, l'information à Londres.

Mais pendant ce temps, l'étau se resserre. Les Allemands ont trouvé son nom de guerre, et donc découvert son existence, lors d'une perquisition. Finalement le 13 octobre, suite à une trahison, Noor est arrêtée chez elle, rue de la Faisanderie, par des hommes qui l'attendent dans son appartement. Elle est immédiatement escortée jusqu'au quartier général de la Gestapo, 84 avenue Foch, et présentée à Karl Bömelburg, chef de la Gestapo en France. Aussitôt, Noor s'échappe par la fenêtre des toilettes. Mais ne trouvant pas d'issues depuis le toit de l'immeuble, elle est vite reprise.

Interrogée par la Gestapo pendant plusieurs jours, Noor ne livre aucune information sur sa mission et ses relations. Une nouvelle tentative d'évasion échoue dans la nuit du 24 au 25 novembre. Elle est alors emmenée le 27 à la prison de Pforzheim, près de Karlsruhe, en Allemagne. Dès son arrivée, elle est isolée pendant plus de neuf mois dans une cellule munie d'une double porte en acier épais, les pieds et les mains entravés par des chaînes qui l'empêchent de se nourrir et de se laver seule.

Le 10 septembre 1944, Noor est transférée à la prison de Karlsruhe, puis déportée le 12 au camp d'extermination de Dachau. Au matin du 13 septembre, elle est traînée au pied d'un mur, derrière le four crématoire. Un témoin oculaire se souvient : « Noor est rouée de coups par l'officier SS qui dirige le camp. Il s'est acharné sur elle avec une violence inouïe. Elle n'a pas pleuré et elle n'a rien dit. Quand il a été à bout de souffle et que la jeune femme n'était plus qu'un tas de chairs ensanglantées, il lui a dit qu'il allait la tuer. Le seul mot qu'elle ait dit avant qu'il ne lui tire une balle dans la nuque, c'est "Liberté !" ». Son corps sera jeté au four crématoire.

Durant ses quatre mois d'activité sur le terrain au sein de la Résistance Française, Noor a réussi par sa volonté, malgré l'effondrement de son réseau, à transmettre de nombreux messages décisifs, et permis l'exfiltration d'une trentaine d'aviateurs abattus en vol. Noor reçoit à titre posthume la George Cross pour « actes du plus grand héroïsme, de courage le plus insigne, dans des circonstances extraordinairement dangereuses » et la Croix de Guerre avec étoile vermeille. L'ordre soufi la reconnaît comme la première sainte occidentale.

Le contrôle de la pensée

Pour muscler ta volonté, élimine les tentations. Place-les hors de ta vue, car leur proximité te rendrait vulnérable. Limiter les distractions (téléphone, SMS, emails) dans les moments de travail intense préservera ta concentration. Diminue le stress grâce à des pratiques comme le yoga, le qi gong, le massage, etc. Réduis le nombre de décisions que tu prends dans une journée pour ne pas épuiser ta volonté.

Et pour t'encourager dans les moments délicats, pense à la récompense qui t'attend.

Inscris dans ton planning un jour de jeûne, une fois par semaine ou une fois par mois, à ta guise. Décide d'apprendre quelque chose de difficile sur une base régulière, sans enjeux particuliers. Inclus de la nouveauté dans tes routines pour en préserver l'intérêt. Prends l'habitude de te lever tôt pour profiter d'un temps pour toi avant le *rush* de la journée. Chaque fois que survient un désir susceptible de t'écarter de ta route, observe le mécanisme pendant dix minutes jusqu'à ce qu'il s'éteigne de lui-même.

Une volonté de fer t'aidera à rester sur le chemin, concentré, insensible aux diverses sollicitations qui veulent te tirer à l'écart. Tu feras toujours le choix de faire plutôt que de ne pas faire. Ce n'est jamais l'action qui te contrôlera ; c'est toujours toi qui contrôleras l'action. Tu acquerras la maîtrise de soi indispensable à la bonne conduite d'un projet et des hommes. Tu auras le contrôle sur tes pensées, te laissant habiter par des pensées positives et fermant la porte aux pensées négatives.

Récapitulatif

Définition

La volonté est une disposition d'esprit : la décision de faire ou de ne pas faire. C'est le fait de résister à toutes les distractions qui pourraient t'écarter de ta route. C'est la capacité de contrôler tes pensées, de maîtriser tes pulsions, d'orienter ton comportement.

Cinq stratégies

- Élimine les tentations
- Limite les distractions
- Diminue le stress
- Réduis les décisions
- Pense à la récompense

Cinq exercices

- Le jeûne
- Un apprentissage difficile
- Se lever tôt
- L'observation
- La nouveauté

V

Le Cavalier de l'Enthousiasme

Ne laissez pas les gens négatifs voler votre joie. Lorsque vous perdez votre joie, vous perdez votre force.

Nelson Mandela

Sur ton aile gauche, marche le Cavalier de l'Enthousiasme, nonchalamment perché sur son pur-sang et vêtu d'une tenue flamboyante. Toujours il chantonne ou sifflote quelqu'air entraînant. Personne ne l'a jamais vu se fâcher, ni même s'assombrir. Jamais blasé, tel un enfant qui découvre le monde, il s'émerveille de tout : d'une mouche, de la pluie, d'une pierre. Pour lui, tout est miracle et la vie n'est qu'un jeu. Le Cavalier de l'Enthousiasme embellit les abords et fleurit la voie devant toi. Chaque jour, il soutiendra ton moral, y compris sous les plus funestes auspices.

L'enthousiasme est associé à la joie, à l'exaltation, voire à la passion. C'est une force extériorisée qui nous pousse à agir. Une phrase de Winston Churchill démontre toute la puissance de cette force : « Le succès, c'est d'aller d'échec en échec sans perdre son enthousiasme. » L'enthousiasme nous aide à surmonter les échecs, non pas simplement en prenant du recul, mais en riant.

Le mot « enthousiasme » dérive du grec ancien *enthousiasmos* qui signifie « possession divine ». Pour les Grecs, celui qui connaît cet état est inspiré par la divinité. C'est dire à quel point l'enthousiasme permet de grandes réalisations.

L'enthousiasme, c'est toute la joie que l'on met dans notre projet. C'est toute l'ardeur que l'on insuffle dans la réalisation de chaque tâche. C'est un état d'esprit qui a cette caractéristique d'être hautement contagieux. L'enthousiasme à lui seul peut convaincre et fédérer, sans effort, simplement par l'exemple séduisant qu'il offre à ceux qui approchent l'homme ou la femme enthousiaste.

En toute fluidité

Le Cavalier de l'Enthousiasme est une véritable force qui non seulement t'incite à l'action, mais t'y incite dans la joie. « Tout grand accomplissement dans les annales du monde est le triomphe de l'enthousiasme. », a dit Ralph Waldo Emerson. Insuffler de l'enthousiasme dans un projet, c'est faire culminer au plus haut point son aboutissement. L'enthousiasme met de l'huile dans les rouages de l'organisation.

Un leader doit savoir s'exprimer en public ; l'enthousiasme l'y aidera. Un leader doit savoir vendre aux investisseurs, à ses partenaires, à ses collaborateurs, à ses fournisseurs, à ses clients ; l'enthousiasme l'y aidera.

Le Cavalier de l'Enthousiasme allège le travail. Il peut aisément porter la majorité de la charge. Chaque fois que je travaille avec enthousiasme, je ne vois pas le temps passer, je ne sens pas la difficulté. Je prends du plaisir à la réalisation autant qu'à la livraison. Combien de fois ai-je passé une nuit blanche à écrire sans fatigue. L'enthousiasme est une source d'énergie inépuisable. Elle est disponible à volonté pour celui qui en dispose.

Si tu as un travail que tu n'aimes pas, avoir un but dans la vie t'aidera à trouver un minimum d'enthousiasme pour l'accomplir, sachant que se rapproche le moment où tu quitteras ton emploi pour te consacrer à ton projet personnel. L'enthousiasme porté vers un but bien déterminé soulage d'un travail triste. La perspective des vacances permet à beaucoup de salariés d'endurer la pénibilité ou l'ennui d'un travail. Bien sûr, le mieux est que tu fasses un travail que tu aimes.

L'enthousiasme décuple le pouvoir de conviction. J'ai passé mon premier entretien d'embauche à vingt-cinq ans. À la fin de l'entretien, le recruteur m'explique qu'il ne me prend pas. Mais, fait inhabituel, plutôt que de me raccompagner avec le classique « on vous rappellera », il prend la peine de m'expliquer les yeux dans les yeux les raisons de son refus. Je lui suis encore aujourd'hui pleinement reconnaissant de sa générosité. « Votre CV laisse apparaître que vous avez été musicien pendant cinq ans, ce qui représente un cinquième de votre vie[50]. Et vous ne m'en avez pas dit un seul mot. J'aurais aimé vous entendre parler spontanément de cette période. »

Cette remarque m'a rendu le plus grand service. Tous les entretiens d'embauche que j'ai passés dans les semaines suivantes ont débouché sur une proposition d'emploi. Si bien que j'avais l'embarras du choix. Pourquoi ai-je reçu autant d'offres ? Qu'est-ce qui a fait que les employeurs ont été séduits par ma prestation ? J'ai simplement suivi les conseils du tout premier recruteur. J'ai largement évoqué ma période musicale au détriment de mes études et du poste d'informaticien pour lequel je postulais. Et comme c'était à cette époque la période la plus exaltante de ma vie, j'en parlais avec enthousiasme, les yeux brillants

---

[50] En fait, ça avait duré plus longtemps, mais je ne pouvais pas gommer plus ce passage de ma vie sans créer un trou suspect dans mon CV.

et le sourire aux lèvres. Il est même arrivé que je ne parle que de ça, certains recruteurs me posant des tas de questions sur le sujet avant de réaliser qu'il était temps de conclure l'entretien. C'est mon enthousiasme qui a convaincu tous ces employeurs de me faire une proposition.

L'enthousiasme est d'une puissance que l'on a du mal à imaginer tant qu'on ne l'a pas utilisée. Elle possède un pouvoir d'adhésion inégalable. Tout le monde veut s'entourer de personnes enthousiastes.

Gare à la morosité

Le manque d'enthousiasme peut facilement tourner à la morosité, voire à l'abattement. C'est dans cet état de mécontentement qu'avancera péniblement ton projet, un mécontentement sans cause particulière apparente qui s'accrochera avec mauvaise foi à n'importe quel prétexte pour s'autojustifier. Cela peut se produire très rapidement. Et chacun verra geindre un projet ronchon à la tête duquel tu ne contrôleras plus grand-chose. Miné par l'inquiétude, un rien te causera le plus grand souci, le peu probable autant que l'impossible. Tu te perdras dans des scénarios pessimistes.

Sans enthousiasme, le risque sera de tout prendre au sérieux et de te prendre au sérieux. Cela ne pourra qu'installer en toi la peur : la peur du jugement, la peur de se tromper, toute peur que tu iras jusqu'à inventer et qui te paralysera. Pour masquer cette peur, tu pourrais être tenté d'afficher, une supériorité mal assurée qui te fera tomber dans l'indécision ou – est-ce pire ? – dans l'erreur de jugement. Et ce que tu voulais éviter se produira. Ta peur attirera ce que tu craignais. Et cela même justifiera ta peur et renforcera ton sérieux.

Comme tout paraît difficile à celui qui passe à côté de l'enthousiasme ! Tout se traîne, tout est lourd, tout paraît sur le point de s'écrouler. Ton projet deviendra un fardeau compliqué à mouvoir. Et tous ceux que tu croiseras te paraîtront lourds. Abandonner te semblera aussi difficile que continuer. Tu continueras donc, mais sans savoir pourquoi. Tu n'auras plus de pourquoi. C'est là qu'est le drame. Et si ton organisation n'était pas rigoureuse au départ, tu manqueras fatalement des étapes. Certains ratages t'obligeront à des retours en arrière, à des concessions fatales. D'autres t'alourdiront encore pour la suite.

Dans tout ton projet comme dans tes relations avec les autres, le manque de fluidité se fera sentir. Des choses nécessaires tarderont à venir, ne seront pas là au bon moment, ou bien ne viendront malheureusement jamais. Tout ne sera que résistance, affrontements. Tu tireras un chariot dont les roues seront bloquées, aussi difficile à tirer qu'à faire tourner. Même tourner en rond manquera de fluidité.

Aussi, ce qui te guette si l'enthousiasme fait défaut, c'est l'ennui, le cruel ennui. Ton projet commencera à t'ennuyer. Mais tu t'ennuierais sans lui. Tu choisiras donc de t'ennuyer en t'occupant, plutôt que de t'ennuyer sans rien faire. Agir dans l'erreur, au lieu de cesser d'agir. Le succès ne vient pas aux gens blasés. Au fond de toi, tu le sais bien. Mais tu avanceras quand même, toujours par ennui, vers l'insuccès qui confirmera l'absurdité de ton entreprise. Pourras-tu être fier au bout du compte ?

Finalement, comment pourrais-tu espérer entraîner les autres si tu n'as pas l'enthousiasme ? Qui pourrait-te suivre sans l'espoir ne serait-ce que d'une belle aventure ? Sans la moindre conviction, tu ne pourras pas rassembler. Les gens peut-être même fuiront. Aucune cohésion ne se fera autour de ton projet. Le manque d'enthousiasme t'isolera.

Cinq stratégies pour renforcer ton enthousiasme

Fais la fête

Bien entendu que lorsque tu auras atteint ton objectif final, tu célébreras ton triomphe de la façon la plus grandiose qui soit. Tu auras bien raison de faire la fête ce jour-là. Tu l'auras bien mérité, après tous les efforts que tu auras fournis. Pour l'occasion, marque ta réussite par un événement : un événement que tu organises, comme une fête, une cérémonie, ou un événement auquel tu ne fais que participer comme un spectacle, un restaurant, un voyage. Si des personnes t'ont accompagné en s'impliquant ou en te soutenant durant ton parcours, invite-les. Célèbre avec tes collaborateurs, tes partenaires, tes amis, en couple ou en famille.

Tu peux aussi faire l'acquisition d'un objet qui symbolisera ta réussite. Une fois, pour célébrer un gros contrat que j'avais gagné, je me suis acheté un beau stylo. Parfois quand je m'en sers, je me souviens de ce qu'il signifie pour moi ; il me rappelle ce que j'ai réussi ce jour-là.

Mais ce triomphe qui marquera l'aboutissement de ton projet sera peut-être dans longtemps, dans très longtemps. Alors, pourquoi attendre pour exprimer ta joie ? Célèbre ta progression à chaque grande phase de ton projet, ou à chaque étape moyenne de ton parcours. Ainsi tu donnes de l'importance à un résultat, final ou intermédiaire, pour t'encourager à continuer et surtout pour te remercier.

La célébration est différente de la récompense. La récompense rentre dans un cycle signal/action/récompense pour te motiver à recommencer la même action une autre fois. La célébration est un geste de gratitude envers toi-même. C'est une façon de te remercier.

Organise-toi

Dans une étude de 2003, des chercheurs ont conclu que les personnes qui passent du temps sur l'organisation de leur projet sont plus optimistes en ce qui concerne l'aboutissement de leur projet que celles qui ne s'intéressent qu'à l'objectif[51]. Bien qu'il te faille malgré tout te préoccuper de l'objectif, il est important que tu te concentres aussi sur ton

---

[51] David A. Armor et Shelley E. Taylor, « Self-Regulation in Deliberative and Implemental Frames of Mind. » Personality and Social Psychology Bulletin, 2003.

organisation. En réduisant ton niveau de stress, cette stratégie t'apportera de l'enthousiasme.

Mais avant de te plonger dans l'organisation, travaille ta planification. L'activité de planification consiste à évaluer les délais nécessaires à l'atteinte de ton objectif et les moyens : humains, financiers et matériels.

L'activité d'organisation de ton projet vise à mettre en place et à coordonner l'ensemble des ressources humaines et matérielles pour atteindre ton objectif. Elle se fait dans le respect du niveau de qualité que tu t'es fixé, dans les limites budgétaires et en fonction des contraintes de calendrier. L'organisation est une activité à laquelle tu te consacreras régulièrement, chaque jour ou chaque semaine. Assure-toi, pour chaque tâche, que toutes les ressources nécessaires sont disponibles au moment opportun pour te permettre de rester dans le cadre prévu.

C'est la maîtrise de toute la structure de ton projet qui favorisera ton enthousiasme. Au contraire, l'incertitude due à un manque d'organisation te conduira à l'opposé de l'enthousiasme, du côté de l'inquiétude la plus fébrile. Planifie, organise, pilote et corrige les dérives au fur et à mesure, pour toujours plus d'enthousiasme.

Ressens la gratitude

Vivre le plus souvent possible dans la gratitude est l'un des meilleurs moyens de rester enthousiaste. Tout peut être prétexte à exprimer sa gratitude. Même les événements inconfortables contiennent un cadeau qui apparaîtra un jour avec le recul ; il peut être magnifique, inespéré. Mais il faut le voir, parfois plus avec le cœur qu'avec les yeux. En exprimant ta gratitude maintenant pour une situation délicate, tu favorises l'apparition de ce cadeau non pas des années plus tard, non pas dans plusieurs mois, mais tout de suite.

Dès que les raisons de l'impasse se révéleront à toi, tu comprendras que c'était pour t'emmener dans une voie que tu n'aurais jamais emprunté sans cela. C'est là qu'est le cadeau. Peut-être le plus beau que tu aies reçu depuis longtemps, aussi douloureuse que soit la situation. D'habitude, nous exprimons notre gratitude en réponse à un cadeau ou à une situation heureuse. Je te propose de faire aussi le contraire. Remercie quoi qu'il se passe avant de toucher les bénéfices, car tout est pour le mieux. À toi de découvrir où cela te mène.

Il faut à la fois une extrême vigilance et une grande confiance pour vivre dans la gratitude permanente. Peu importe que tu n'y sois pas encore. Fais simplement de ton mieux. Vois le bon en chaque événement. Par exemple, si tu rates ton train, plutôt que de maudire les embouteillages, dis-toi plutôt qu'ainsi tu as peut-être éviter un accident, ou bien peut-être feras-tu une belle rencontre dans le train suivant. La vie nous guide vers ce à quoi nous pensons le plus souvent, même si cela doit être douloureux.

Arrête de travailler

Le mot travail est associé, entre autres, à fatigue, pénibilité, difficulté, etc. Ne serait-il pas possible de s'affranchir de ces inconvénients ? « Choisis un travail que tu aimes et tu n'auras pas à travailler un seul jour de ta vie. », affirme Confucius. Si tu aimes ce que tu fais, tu n'as pas l'impression de travailler. En faisant ce que tu aimes, tu seras à l'œuvre plus longtemps sans fatigue. Les congés maladie dus à l'usure seront rares. Plus tu aimeras ce que tu fais, plus tu seras endurant, galvanisé par la satisfaction que te procure le travail que tu accomplis.

Dans une des sociétés où j'ai travaillé, j'ai rencontré un homme qui était à un poste de manager sans pénibilité particulière depuis quelques années. Malgré une confortable rémunération, il détestait sa fonction, qui lui créait beaucoup de stress ; il s'éteignait petit à petit. Un jour, au bord du burn-out, il adressa à son patron une requête inhabituelle : il demanda à être rétrogradé à un poste subalterne. Bien que moins bien payé pour un travail que d'aucuns auraient trouvé pénible, il retrouva la joie de vivre, livrant chaque jour un travail impeccable.

Voici comment Napoleon Hill résume sa philosophie : « L'être humain est plus efficace, et réussit plus rapidement et plus facilement, lorsqu'il s'emploie à un travail qu'il aime ou qu'il accomplit en faveur d'une personne qu'il aime[52]. » Qualité et quantité de travail croissent de façon exponentielle lorsqu'il y a l'amour du travail, autant que diminue la fatigue. Et c'est dans cet élan qu'éclatera ton enthousiasme.

Propose ton aide

Le service aux autres est source d'enthousiasme. Et les occasions d'aider son prochain ne manquent pas. Il suffit d'être attentif, d'ouvrir les yeux, pour découvrir autour de soi des besoins exprimés ou des demandes implicites, autant dans l'environnement professionnel que dans l'environnement personnel. « Ne laisse personne venir à toi sans qu'il reparte meilleur et plus heureux. » C'était le credo de Mère Teresa, la ligne de conduite qui l'a guidée toute sa vie.

[52] Napoleon Hill, *Les lois du succès tome 3*, Performance, 2012.

Propose ton aide au quotidien sans qu'on te le demande, anticipe : en aidant une personne en difficulté dans les escaliers à porter ses bagages, en guidant une autre qui te semble perdue malgré son GPS, ou simplement, tout simplement, en tenant la porte à quelqu'un qui passe. Pour que cela profite à ton enthousiasme, accomplis ces gestes en pleine conscience, avec sourire et bienveillance. N'en fais surtout pas une habitude, un acte machinal. Prends bien conscience que tu viens d'aider quelqu'un, que tu t'es montré généreux de ton temps et de ton énergie. C'est un acte sacré, mais qui ne doit pas être rare pour autant. Il sera fréquent, mais jamais banal.

En même temps que tu aides les autres, ressens de la gratitude pour la confiance qu'ils t'accordent et l'opportunité qu'ils te donnent de nourrir ton enthousiasme. Car ce faisant, en vérité tu reçois plus que tu ne donnes. C'est le grand secret du service. Si ton aide est refusée, n'en fais pas une affaire personnelle ; c'est le deuxième accord toltèque[53]. C'est le libre choix des autres d'accepter ton aide ou de la refuser sans que tu aies besoin de comprendre pourquoi.

---

[53] Miguel Ruiz, *Les quatre accords toltèques*, Jouvence, 2018.

Plus clair que le jour

Si tu travailles ton enthousiasme, s'agissant d'un état d'esprit, cela bénéficiera non seulement à ton projet, mais aussi à toi-même. Ta propre vie, dans ce qu'elle a d'essentiel, et tes relations avec les autres, connaîtront des changements favorables.

En étant enthousiaste, tu es assuré d'attirer de nouvelles personnes. Qui refuserait de partager la compagnie de quelqu'un d'enthousiaste ? Lorsqu'on connaît l'importance de l'entourage pour la réussite d'un projet, ce n'est pas un mince avantage. Ces nouvelles personnes viendront à toi comme attirées par un aimant. Être au contact de quelqu'un d'enthousiaste a quelque chose d'énergisant, parfois même de galvanisant. Si de nouvelles personnes viennent à toi, alors de nouvelles opportunités bientôt se manifesteront. Et ces opportunités pourraient donner un notable coup d'accélérateur à ton projet ou à ta carrière.

Le Cavalier de l'Enthousiasme a un effet anti-fatigue certain. Travailler de longues heures sur tes dossiers ne t'effraiera pas ; tu y trouveras une joie reposante. Cette immersion totale pourrait même avoir un effet euphorisant sur toi, rendant ton travail presque addictif. C'est pourquoi tu n'hésiteras pas à te donner corps et âme pour ce en quoi tu crois. L'enthousiasme te donnera une facilité, une aisance, rares. L'impression d'être porté par un courant tiède et généreux.

Cet enthousiasme t'ouvrira à un optimisme à toute épreuve. Et cet optimisme infusera dans ta santé, t'offrant l'accès à une forme éblouissante. Tu te sentiras presque invincible. Toute ta physiologie te semblera fonctionner avec la plus parfaite fluidité. Plus endurant, plus résistant, plus solide, tu gagneras en confiance. Si tu es déjà dans la force de l'âge, nul doute que tu te sentiras rajeunir. Ce ne sera pas une impression : tous ceux qui te connaissent bien te le diront.

La créativité sera au rendez-vous, en abondance, plus vaste que nécessaire. Tu auras presque du mal à gérer l'avalanche d'idées, obligé de les noter aussitôt dans un petit carnet, de peur qu'elles ne s'envolent aussi vite qu'elles se sont révélées. Tu verras des solutions plus souvent que des problèmes, les opportunités devant les difficultés. Tu auras même déjà des idées pour d'autres projets.

Que tu sois orateur ou vendeur, tu découvriras que le message passe beaucoup mieux lorsqu'on est enthousiaste. Nous avons tous besoin d'être orateurs. Nous sommes tous vendeurs. Qui n'a rien à vendre n'a pas de projet. Tu vends des produits, des services, une cause, ou bien encore toi-même : en entretien d'embauche, quand tu séduis, quand tu négocies... Grâce à l'enthousiasme, tu seras convaincant. Les mots te trouveront quand il faut. L'enthousiasme est communicatif, contagieux. C'est un virus porteur d'optimisme et de gaîté pure. Contamine tant que tu peux. Que le virus de l'enthousiasme soit plus fort que le poison de la morosité.

Le Cavalier de l'Enthousiasme peut changer le monde. Si toi aussi, c'est ce que tu veux, laisse-le grandir en toi et rayonner au-dehors. L'enthousiasme est une lumière qui éclaire même le jour.

Cinq exercices enthousiasmants

Merci pourquoi

« Merci » doit être l'un des mots les plus prononcés. Je n'ai pas lu de statistiques à ce sujet, mais je l'espère vivement. « Merci » vient du latin *mercedem,* qui est l'accusatif de *merces* « salaire, récompense, grâce, faveur. » Lorsque tu dis merci, tu signifies en fait : « vous me faites une faveur. »

Peut-être en raison de sa fréquence d'utilisation – intégré qu'il est dans les règles de base de la politesse inculquées aux enfants dès leur plus jeune âge – « merci » est devenu un mot banal et vide de sens que l'on prononce machinalement, parfois sans même prêter attention à son interlocuteur.

Reprends le pouvoir sur ce mot et tu verras la magie qu'il peut libérer. Non, il n'est pas banal. Non, il n'est pas vide de sens. Pour peu que tu saches l'utiliser. Il est au contraire extrêmement précieux. En deux petites syllabes et cinq lettres seulement, ce mot peut métamorphoser le visage et le cœur d'une personne qui l'entend. Il suffit d'un peu le parfumer.

À partir de maintenant, livre-toi à cet exercice aussi souvent que possible. Lorsque quelqu'un te rend un service, en acte ou en parole, dis-lui merci comme d'habitude, mais en ajoutant une raison que tu as d'éprouver de la gratitude. Un exemple. Tu es dans une librairie. Tu demandes à un employé où trouver un livre dont tu lui donnes le titre. Il va vers le rayon. Tu l'accompagnes. Il trouve le livre pour toi et te le tend. Plutôt que de lui lâcher un banal « merci » comme fait tout le monde. Dis-lui par exemple avec le sourire et en le regardant dans les yeux :

« Merci de vous être déplacé et de m'avoir consacré du temps. »

Je t'assure que l'effet de la formule est prodigieux. Tu liras dans les yeux du vendeur une profonde gratitude parce qu'il se sera senti reconnu, peut-être pour la première fois dans sa journée de travail. Il aura été touché par l'authenticité de ton remerciement personnalisé. Adapte la formule à toutes les situations. Tu seras enthousiasmé bien au-delà de ce que tu peux imaginer.

Le matin magique

La gratitude est l'un des sentiments les plus efficaces pour gagner en enthousiasme. Voici encore un exercice que tu peux tester à partir de demain.

Dès le réveil, avant de poser un pied par terre, avant même de bouger, avant même d'ouvrir les yeux, inspire profondément et dis simplement : « merci », en conscience. Mets-y le sens que tu veux : « merci la vie… merci pour cette belle journée qui commence… » À partir de cet instant consacre les quinze minutes ou les trente minutes suivantes, ou même une heure entière à éprouver de la gratitude pour ce qui te tombe sous les yeux. « Merci pour les toilettes. » (en 2018, 4,5 milliards de personnes –

deux tiers de la population mondiale – n'ont pas accès aux toilettes.) « Merci pour le verre d'eau. » (11 % de la population mondiale n'a pas accès à l'eau potable.) Vois le miracle dans chaque objet, dans chaque fonction, dans tout ce qui t'entoure, dans tout ce qui semble aller de soi lorsque tu n'y prêtes pas attention.

Si tu le souhaites, tu peux pratiquer cette routine à un autre moment que le matin ou à un autre endroit que chez toi. Peut-être seras-tu plus inspiré à l'extérieur, l'après-midi ou le soir ; laisse-toi cueillir par le miracle au coin de la rue.

L'exercice du matin magique est un phénoménal amplificateur d'enthousiasme. Il t'offre une façon inédite d'apprécier ta situation. Il te permet de voir ton quotidien sous un autre angle. Une séance chaque jour te fera déborder d'enthousiasme pour les choses les plus sobres autour de toi. Des choses auxquelles tu ne prêtes pas d'habitude attention.

Le journal de gratitude

Achète-toi un joli cahier. Chaque matin avant de démarrer vraiment ta journée, écris dedans entre trois et cinq bonnes raisons d'être reconnaissant. Précise à chaque fois pourquoi tu l'es : cela rend la gratitude plus puissante. Par exemple : « Je suis plein de gratitude d'avoir un toit, car je suis à l'abri du froid, de la chaleur et de la pluie. » Il y a toujours au moins une bonne raison d'être reconnaissant.

Lorsque tu auras écrit tes cinq gratitudes, lis la première des yeux. Ferme-les, prends une inspiration et répète cette première phrase à haute voix. Inspire à nouveau et dis « Merci, merci, merci. », en faisant résonner ces mots dans ton cœur. Recommence de même pour chacune des autres gratitudes.

Durant le premier mois, fais en sorte de trouver tous les jours de nouvelles gratitudes ; ne reprends aucune de celles des jours précédents. Innove chaque fois. Fais cet effort. Dresse quotidiennement l'inventaire de tout ce qui peut motiver ta gratitude. À la fin de ce mois, tu devrais avoir écrit 150 raisons différentes de te sentir plein de gratitude.

Les premiers temps, tu n'auras aucun mal à trouver des raisons de ressentir de la gratitude. Et puis petit à petit, tu manqueras d'inspiration. C'est alors que tu prendras conscience du miracle que représentent certaines choses que tu trouvais banales.

Applique-toi chaque matin à apprécier les choses les plus insignifiantes de ta vie. Prends bien conscience de ce que l'objet de ta gratitude t'apporte. Et jour après jour, ton enthousiasme grandira.

La magie du sourire

Le mot « sourire » vient du latin *subridere* composé du préfixe *sub* qui signifie « sous » et du verbe *ridere* qui se traduit par « rire ». Le sourire est une expression du visage qui se manifeste aux coins de la bouche et autour des yeux. Comme l'indique son étymologie, c'est donc un rire atténué.

« Parfois votre bonheur est à la source de votre sourire, mais parfois votre sourire peut-être la source votre bonheur. », nous dit le moine Thích Nhât Hạnh. Si l'expression faciale est le reflet de l'humeur, le sourire peut inversement influencer l'état d'esprit de celui qui sourit. Car le sourire libère des endorphines, de la dopamine et de la sérotonine, surnommées « les hormones du bonheur ».

Les enfants peuvent sourire jusqu'à quatre cents fois par jour, tandis que les adultes ne sourient que cinq fois par jour. Pour cultiver l'enthousiasme, tu ne peux pas en rester là. Retrouve la joie de vivre insouciante d'un enfant quelques instants. Chaque matin en arrivant dans ta salle de bain, souris à ton reflet. Tu ne tarderas pas à sentir un bien-être t'envahir. Rien de tel pour démarrer une journée de façon enthousiaste.

Et pourquoi ne pas en faire profiter les autres ? La première fois que je suis allé aux États-Unis, à New York, j'ai été agréablement surpris de l'accueil souriant que me réservaient les serveurs dans les restaurants et les vendeuses dans les magasins : « How are you? » Ça me mettait tout de suite à l'aise. Depuis, je fais la même chose. Lorsque je rentre dans un magasin ou un restaurant, je demande en souriant : « Comment allez-vous ? » La plupart du temps, j'ai droit à un sourire en retour, même si la personne était venue vers moi avec l'air renfrogné. Je me sens alors enthousiasmé.

Le bilan positif

Plus tu seras enthousiaste et plus ton enthousiasme se développera. Et moins tu auras d'effort à fournir pour le voir grandir. En revanche, si tu n'exerces pas cet enthousiasme, il s'atrophiera inexorablement. Saisis chaque occasion de t'entraîner. Et deviens un poids lourd du bonheur.

Au cours d'une expérience scientifique, il a été demandé à trois groupes de se remémorer les événements qu'ils avaient vécus dans la semaine. Le premier groupe devait noter uniquement les événements positifs. Le deuxième groupe écrivait seulement les événements négatifs. Et le troisième groupe, qualifié de groupe témoin, mentionnait tous les événements en précisant s'ils étaient positifs ou négatifs.

Au bout de seulement dix semaines, les membres du premier groupe étaient globalement plus satisfaits de leur vie. Les mesures indiquaient un taux de 25 % supérieur aux autres. Le simple fait d'avoir porté leur attention uniquement sur des événements positifs avait permis aux participants du groupe 1 d'élever leur niveau de bonheur de semaine en semaine. Leurs progrès étaient véritablement le fruit d'un entraînement.

Chaque soir, avant de t'endormir, décris dans un cahier (tu peux écrire dans ton journal de gratitude) au moins trois situations que tu as vécues dans la journée et qui t'ont inspiré de la joie. Lorsque tu auras terminé, relis-toi et ressens à nouveau le plaisir que tu as eu durant ces situations. En procédant de la sorte, tu augmenteras chaque jour ton capital d'enthousiasme et tu t'endormiras sur une note positive avec toutes les chances de passer une excellente nuit.

Joséphine Baker ou l'Enthousiasme

Joséphine Baker
(1906-1975)

Un jour de septembre 1939, dans le plus grand secret, le chef du contre-espionnage à Paris, le Capitaine Jacques Abtey, se rend au domicile de Joséphine Baker dans les Yvelines. Il est là pour la recruter. « Ne suis-je pas devenue l'enfant chérie des Parisiens ? Ils m'ont tout donné, en particulier leur cœur. Je leur ai donné le mien. Je suis prête, Capitaine, à leur donner ma vie. Vous pouvez disposer de moi comme vous l'entendez. », répond-elle à la sollicitation de l'officier. Sa mission : se faire inviter dans les cocktails des ambassades et rapporter toutes les conversations intéressantes, notamment sur les troupes allemandes. En moins d'une semaine, elle se révèle être un agent efficace, en collectant des informations cruciales sur la possible entrée en guerre de l'Italie.

Durant la drôle de guerre, Joséphine agit en couverture dans un centre d'accueil de La Croix-Rouge. Elle prépare à manger pour les réfugiés et une fois par semaine, elle pilote l'avion de l'organisation pour acheminer du ravitaillement en Belgique. Mais en tant qu'agente secrète, elle est chargée de repérer les espions cachés parmi les réfugiés.

Au mois de décembre 1939, elle enregistre une série de chansons pour soutenir le moral des troupes françaises et britanniques. Elle enchaîne avec des spectacles sur la ligne Maginot où les militaires se préparent à l'offensive. Mais le 10 mai 1940, c'est par le Nord que les Allemands attaquent. C'est le début de la bataille de France. Les blessés arrivent alors en nombre dans les hôpitaux. Joséphine aide à les soigner et chante pour les malades.

Après la bataille de Dunkerque, qui voit l'évacuation de l'armée britannique, le 4 juin 1940, Joséphine quitte Paris. Noire, mariée à un juif, antinazie revendiquée et déclarée « décadente » par Goebbels, elle choisit de se retirer dans sa maison en Dordogne pour y constituer un noyau de résistants. Juste à temps : les Allemands entrent dans Paris le 14 juin. Neuf jours plus tard, Hitler s'y pavane, au lendemain de l'armistice signé par Pétain.

Entretemps, après avoir entendu l'appel du Général de Gaulle le 18 juin, Joséphine décide de rejoindre officiellement la Résistance Française. Alors qu'elle est au sommet de sa gloire, elle choisit de renoncer aux paillettes pour défendre la France dont elle est citoyenne depuis son mariage en 1937. Elle ne chantera pas dans ce pays « tant qu'il restera un Allemand en France ». Joséphine est l'une des très rares artistes françaises, avec Jean Gabin, à s'engager dans la Résistance.

Arrivée des États-Unis en 1925 à l'âge de 19 ans, Joséphine s'est imposée comme la reine du spectacle dès sa première apparition dans la Revue Nègre, brûlant les planches du Théâtre des Champs Élysées. Elle est devenue la première artiste noire française, enchaînant les succès de music-hall aux Folies Bergères, au Casino de Paris, puis dans le monde entier. Elle a tourné au cinéma avec Jean

Gabin et conquis définitivement le cœur des Français en chantant avec son enthousiasme légendaire *J'ai deux amours.* Aujourd'hui elle veut témoigner encore son amour à la France en se battant pour elle.

Accompagnée du Capitaine Jacques Abtey, affecté sous une fausse identité à son secrétariat, elle part à Lisbonne transmettre aux Anglais des informations secrètes sur les activités de l'armée allemande. Mais devant la menace d'une invasion de la zone libre par les nazis, elle doit s'installer à partir de 1941 en Algérie puis au Maroc. À Casablanca, elle participe à tous les cocktails pour glaner des informations sur l'ennemi. Sous couvert de faire des tournées musicales, elle continue de transporter vers Lisbonne de précieux renseignements écrits à l'encre sympathique sur ses partitions.

À partir de juin 1941, Joséphine est hospitalisée pendant dix-huit mois. Elle ne cesse pas pour autant ses activités : elle organise des rencontres entre les agents alliés dans sa chambre d'hôpital, et elle fait tout pour convaincre les autorités américaines de faire confiance au Général de Gaulle. Jamais elle ne se départit de son enthousiasme : « Les États-Unis interviendront et nous gagnerons la guerre. », assure-t-elle à qui veut l'entendre. Les événements ne vont pas tarder à lui donner raison. Le 7 décembre 1941, la flotte japonaise mène une attaque aérienne surprise sur la base navale américaine de Pearl Harbor. Le lendemain, le président américain Franklin Roosevelt annonce l'entrée en guerre des États-Unis contre l'Empire du Japon. Le 11 décembre, en vertu de leur accord tripartite, l'Italie et l'Allemagne déclarent la guerre aux États-Unis. Le 8 novembre 1942, les troupes alliées débarquent en Afrique du Nord.

À peine sortie de l'hôpital, Joséphine organise une tournée éreintante le long des côtes. De Marrakech jusqu'au Caire, elle parcourt plus de 4 700 kilomètres pour soutenir le moral des troupes françaises. Mais son combat n'est pas seulement dirigé contre les nazis ; il concerne plus largement le racisme. À l'occasion d'un dîner organisé par le Général Clark, elle exige et obtient la présence des officiers noirs à la table : « Il est important de prouver que Noirs et Blancs sont égaux dans l'armée américaine... ou alors ce n'est pas la peine de faire la guerre à Hitler. »

Élevée au grade de sous-lieutenant de l'armée française le 23 mai 1944, Joséphine poursuit son combat après la guerre. En tournée aux États-Unis, elle refuse de jouer dans les salles qui interdisent l'accès aux noirs. Le 28 août 1963, elle participe à Washington à la marche pour les droits civiques aux côtés de Martin Luther King, et prend la parole avec enthousiasme devant les 250 000 personnes réunies face au Lincoln Memorial : « Vous êtes à la veille d'une complète victoire. Vous ne pouvez pas échouer. Le monde est derrière vous. » Son discours est reconnu comme le plus optimiste avec celui de Martin Luther King, *I have a Dream*.

En 1975, après avoir adopté douze enfants de toutes les races, pour former une famille « arc-en-ciel », Joséphine remonte une dernière fois sur les planches parisiennes à soixante-huit ans. Cinquante ans après la Revue Nègre, son spectacle à Bobino est un triomphe. Le 9 avril, après la quatorzième représentation, Joséphine s'effondre, victime d'une attaque cérébrale. Elle s'éteint le 12 avril 1975.

Vis dans la gratitude

Pour que le Cavalier de l'Enthousiasme déploie toute sa grandeur, vis dans la gratitude de chaque instant, même le plus banal, le plus insignifiant. Porte attention au bien surtout dans les situations délicates.

Découvre ce que peut apporter à ton enthousiasme une bonne organisation quotidienne. Donne-toi de tout ton être dans un travail que tu aimes. Célèbre chacune de tes petites victoires sur le chemin du triomphe. Honore-toi : tu le mérites. Grandis-toi dans l'aide que tu apportes avec humilité à ton prochain.

Ne te contente pas de dire un simple merci. Distingue-le de tous les autres. Compose-le pour une personne précisément, dans une situation particulière. Exprime ta gratitude par tous les moyens, non seulement envers les personnes, mais aussi envers les événements, envers les réalisations qui favorisent ton confort. Écris chaque matin dans un journal à quel point tu es reconnaissant. Et chaque soir, dans ton cahier détaille les situations heureuses de ta journée. Elles n'ont pas besoin d'être extraordinaires, qu'elles soient seulement touchantes.

Ton enthousiasme te fera rencontrer les personnes, les opportunités, les situations favorables à ton projet. L'enthousiasme, c'est de l'optimisme, une meilleure santé, un état d'esprit plus positif, une action plus juste.

Grâce à un cerveau en pleine créativité, tu trouveras aisément plusieurs solutions à chaque défi. Tu découvriras le pouvoir viral de l'enthousiasme qui rassemble les hommes et les femmes pour de nobles desseins. L'enthousiasme est galvanisant, l'enthousiasme est contagieux, l'enthousiasme est toujours gagnant.

Récapitulatif

Définition

L'enthousiasme, c'est toute la joie que l'on met dans notre projet. C'est toute l'ardeur que l'on met dans la réalisation de chaque tâche. C'est un état d'esprit qui a cette caractéristique d'être hautement contagieux. L'enthousiasme peut convaincre et fédérer, sans effort.

Cinq stratégies

- Fais la fête
- Organise-toi
- Ressens la gratitude
- Arrête de travailler
- Propose ton aide

Cinq exercices

- Merci pourquoi
- Le matin magique
- Le journal de gratitude
- La magie du sourire
- Le bilan positif

VI

Le Cavalier de la Foi

Nos doutes nous assaillent et nous font échouer. Et nous manquons le but que nous pourrions atteindre par crainte de ne point l'atteindre.

William Shakespeare

Sur ton aile droite, chevauche le Cavalier de la Foi. Tout de blanc vêtu jusqu'aux gants, il n'est pas si austère qu'on le dit. Tu le devines à ce sourire « jocondien » qu'il esquisse lorsque tu le regardes. Le visage paisible, le regard bienveillant, le geste épuré, il mène sa monture par simple intention. Son cœur parle d'une force que le geste ne saurait égaler. On le dit derrière chaque miracle ; c'est dire son pouvoir immense. Le Cavalier de la Foi voit loin devant, à travers les obstacles, au-delà des montagnes. Avec lui pour compagnon, tout te sera possible. Tant que tu croiras en lui, il sera là.

Le mot foi évoque assez souvent la foi religieuse. C'est ce que j'ai pu vérifier en consultant un dictionnaire de citations. Ce n'est pourtant pas le seul sens à donner à ce mot, loin s'en faut. Le *Littré* répertorie pas moins de dix sens pour le mot foi. Deux seulement ont trait à la religion.

Le mot « foi » vient du latin *fides* qui a le sens de « foi, confiance, loyauté, parole donnée. » Selon le *Littré,* la foi est : « Créance que l'on accorde aux hommes ou aux choses. » Dans ce sens, le dictionnaire donne les utilisations suivantes : « Avoir foi en soi-même, croire en soi, être plein de confiance dans son habileté, son succès, etc. »

C'est dans cette acception que nous étudierons la foi. La foi est, non pas la croyance que l'on va réussir, mais la certitude que l'on ne peut que réussir. Goethe disait : « Dès l'instant où vous aurez foi en vous-même, vous saurez comment vivre. » La foi se place autant en toi qu'en ta réussite. C'est une conviction forte et inébranlable, la confiance absolue dans un avenir favorable.

L'estime de soi

L'un des territoires du Cavalier de la Foi est l'estime de soi. L'estime de soi est le jugement que l'on porte sur soi. Le philosophe William James (1842-1910), le sociologue Charles Horton Cooley (1864-1929) et le psychologue

George Herbert Mead (1863-1931) sont parmi les premiers à avoir évoqué le concept d'estime de soi. Pour William James, l'estime de soi est le rapport entre le succès et les prétentions. Dans cette approche, il y a donc deux façons de faire croître son estime de soi : soit augmenter ses succès, soit diminuer ses prétentions. Selon James Noley, l'estime de soi est l'écart entre ce que nous sommes et la personne que nous aimerions être. Plus l'écart est grand, plus l'estime de soi est faible. D'après Nathaniel Branden (1930-2014), « [L'estime de soi] est la disposition à se considérer comme compétent pour faire face aux défis de base de l'existence et être heureux[54] ». L'évaluation de ses propres compétences détermine le niveau d'estime de soi.

Ce qui caractérise une forte estime de soi, c'est : la croyance ferme en ses propos et en ses principes, la capacité à faire des choix qui semblent corrects sans culpabilité vis-à-vis des autres, l'aptitude à aller de l'avant sans se préoccuper des événements passés ou à venir, la détermination à résoudre les problèmes pleinement et sans hésitations. Une personne ayant une forte estime de soi ne se sent ni inférieure ni supérieure aux autres ; elle ne se compare tout simplement pas. Elle dispose d'une bonne résistance à la manipulation, accepte l'opinion des autres, est sensible à leurs besoins et respecte généralement les lois sociales.

[54] Nathaniel Branden, *Les six clés de la confiance en soi*, J'ai lu, 1995.

Au contraire, une personne ayant une faible estime de soi fait preuve d'une puissante autocritique qui la limite, affiche une insatisfaction de soi perpétuelle, est hypersensible à la critique, stagne dans l'indécision chronique, fait preuve d'un perfectionnisme excessif et présente un fort sentiment de culpabilité. De plus, elle est irritable, pessimiste et envieuse.

L'estime de soi possède trois dimensions : l'amour de soi, l'image de soi et la confiance en soi. L'amour de soi est le fait d'accepter et d'apprécier la personne que l'on est. Il se doit d'être inconditionnel. L'image de soi, quant à elle, est l'évaluation que l'on fait de ses qualités et de ses défauts d'une part, et de son potentiel et de ses limitations d'autre part. La confiance en soi, enfin, est la certitude que l'on a de disposer des capacités nécessaires pour prendre soin de soi et surmonter les vicissitudes de l'existence.

La foi est aussi à placer dans le projet et sa réussite. Pour Napoleon Hill, « La foi est un état d'esprit dont la pérennité n'est assurée que par des actions. Il ne suffit pas simplement de croire[55]. » La foi en son projet implique la forte conviction qu'il ne peut qu'aboutir à la réussite. Effectivement, croire ne saurait suffire. C'est pourquoi la foi véritable impose l'action. Sans actions dans le sens du

[55] Napoleon Hill, *Les lois du succès tome 4*, Performance, 2012.

projet, aucun résultat n'est à espérer. Et faute de résultats à long terme, la foi finit par s'effriter. Heureusement, une foi solide favorise la prise de décision et le passage à l'action instantanée.

La peur de l'échec

En l'absence du Cavalier de la Foi, tu manqueras cruellement de confiance en toi. Or la confiance en soi est nécessaire pour avancer d'un pas sûr. Tu douteras en permanence de tes capacités. Tu prêteras toujours plus attention à tes défauts qu'à tes qualités. À chaque tentative de passer à l'action, tes croyances limitantes écraseront ton pied sur le frein. Tu ne te croiras pas à la hauteur de la situation. Te pensant indigne de réussir, tu n'auras pas la vision de ton succès. Il te sera impossible de visualiser une image positive de la fin de ton projet. Les phrases « À quoi bon ? Ça ne sert à rien. » tourneront en litanie dans ta tête.

Les morbides comparaisons avec les autres n'arrangeront rien. La réussite des autres, loin de te réjouir, te donnera envie de baisser les bras. Tu penseras que tu ne pourras jamais faire aussi bien qu'eux. Pourtant tu ne sais pas d'où ils sont partis ni quels étaient leurs objectifs. Tu ne sais rien non plus des circonstances qu'ils ont rencontrées. Sans l'appui du Cavalier de la Foi, la comparaison tournera toujours à ton désavantage. Assis au bord de la route, la tête dans les mains, tu regarderas les autres passer puis s'éloigner vers un destin que tu croiras plus heureux que le tien. Tu ne verras plus en toi que des points faibles.

Incapable d'embrasser la situation dans sa globalité, tu sombreras dans l'indécision. Par peur de te tromper, tu resteras paralysé. Tu ne verras dans chaque situation que de la complexité et trop d'options à sélectionner. Sur quels critères faire un choix ? Quel poids donner à chaque critère ? Le manque de foi obscurcira ton esprit. Dans l'impossibilité d'anticiper les conséquences de chaque solution, tu t'abstiendras de choisir. Ou bien tu gaspilleras ton peu d'énergie à sauter d'une décision à l'autre dans un chaos grandissant. Tu seras désespérément perdu, car une décision qui était bonne hier sera mauvaise aujourd'hui.

Les influences contradictoires des autres – tes proches, les experts, les livres – achèveront de te perdre. Qui croire ? Qui écouter ? L'un a raison. L'autre n'a pas tort. Plus de gens te murmureront des conseils, plus tu seras seul. Lorsque tu céderas à l'un, un autre te fera voir la folie de ce choix. Finalement, tu rétrograderas, de retour au point de départ. Mais quand tu t'arrêtes, en vérité tu recules. Tu repartiras en courant, essoufflé, peu sûr de la bonne direction. Écoute bien Jacques Ferron : « L'influence. C'est un jeu auquel personne ne résiste. D'autant plus amusant que l'appréciation n'est facile pour personne, à commencer par le premier bénéficiaire. »

Sans le Cavalier de la Foi, tu ne connaîtras pas qu'une seule peur. Tu connaîtras toutes les peurs : la peur de te tromper, la peur de l'échec, la peur du jugement... parmi les premières. Au stade où tu en seras, aucune peur ne sera stimulante. Au contraire, elles seront oppressantes, dressées contre toi comme un fort vent contraire. Mais plus tu leur résisteras, plus elles se renforceront, parasitant ton esprit, pénétrant la moelle de tes os. Cela mènera finalement à l'enterrement de tes rêves.

Cinq stratégies pour fortifier ta foi

Si ça marche pour eux

Lis des biographies de personnages qui ont connu la même situation que toi avant de réussir. Regarde leurs interviews. Rassemble autour de toi des témoignages de réussites qui se sont produites dans les mêmes circonstances. Si ça a marché pour d'autres, ça doit marcher pour toi. Comment pourrait-il en être autrement ? Ils n'avaient de rien de plus que toi. Ils n'étaient pas extraordinaires. Si ça a marché pour eux, ça doit marcher pour toi. Étudie leur parcours. Qu'ont-ils fait de particulier ? Voilà ce qu'il est intéressant de découvrir. Les mêmes causes produisant les mêmes effets, trouve les causes. Il y a de grandes chances que tu retrouves les Sept Cavaliers du Succès sur leur chemin. Étudie comment ces personnes les ont utilisés. Quelles stratégies ont-elles mises en œuvre ?

Si tu veux devenir un auteur à succès, par exemple, renseigne-toi sur les pratiques des professionnels. Tous bloquent un moment dans leur agenda pour l'écriture. Ils écrivent quotidiennement quoi qu'il arrive. « J'écris moi-même tous les jours, même à Noël, le jour de la fête nationale et le jour de mon anniversaire. », témoigne le maître du *thriller*, Stephen King[56]. C'est ainsi qu'il écrit dix pages par jour. Il avoue que ce n'est pas toujours facile : « Le moment le plus redoutable est celui qui précède celui où l'on s'y met[57] ». Ernest Hemingway écrivait cinq cents mots par jour. Amélie Nothomb écrit tous les matins de 4 heures à 8 heures, même quand elle est souffrante. Anna Todd, qui

---

[56] Stephen King, *Écriture*, Albin Michel, 2001.
[57] *Ibid.*

fait partie d'une génération d'auteurs qui écrivent de façon interactive pour internet depuis leur téléphone, a consacré jusqu'à huit heures par jour à son roman *After*[58] sur la plateforme d'autopublication Wattpad.

Applique les mêmes méthodes que ceux qui ont réussi sur la voie que tu veux emprunter et qui sont partis d'où tu es. Si ça a marché pour eux, ça marchera pour toi. C'est une évidence.

Crois en ton projet

Sois convaincu que ton projet ne peut qu'aboutir. Cette foi que tu avais au début lorsque tu as lancé ton initiative, tu dois garder son ardeur jusqu'à la fin. Ton projet est nécessaire. Alors il doit réussir. Coûte que coûte, il doit s'achever sur une fin éclatante.

Pour garder la foi en ton projet, commence par changer de regard sur les événements qui vont le jalonner. Tu avais un plan en tête au début, quand tu t'es lancé. Tu l'as écrit. Tu comptes bien t'y tenir. Mais un plan n'est pas immuable. Si ton objectif ne change pas, ton plan en revanche peut être remis en question. Tu y seras parfois forcé

[58] Anna Todd, *After*, Hugo Roman, 2015.

par les circonstances qui ne seront plus les mêmes que lorsque ton projet n'était qu'une idée. Tu y seras forcé si tu veux réussir quoi qu'il arrive. Des obstacles que tu n'avais pas anticipés vont se dresser sur ta route. Vois ces obstacles comme de merveilleuses opportunités d'essayer autre chose. En te lançant dans une aventure, tu remets la vie tranquille à plus tard.

Face aux empêchements, change d'angle de vue. Dis-toi qu'il y a forcément un moyen de passer de l'autre côté. C'est ainsi que tu stimuleras ta créativité. Tu trouveras ce moyen, car la réussite de ton projet compte plus que tout.

Les obstacles sont aussi des occasions inespérées de te découvrir, de découvrir de quoi tu es capable et d'en être fier. Tu devras faire appel à des ressources insoupçonnées qui s'ajouteront à ton catalogue de talents. Plus tard, tu pourras solliciter à nouveau ces ressources dans des circonstances similaires.

Croire en ton projet, c'est donc avant tout voir l'opportunité dans la difficulté. Voir l'opportunité de faire autrement et de devenir meilleur.

Crois en tes talents

La foi en ton projet passe par la foi en tes talents. Car le projet c'est toi. Tu as des talents, du savoir-faire, des connaissances. Fais-en l'inventaire. Et regarde comment tu peux les mettre au service de ton projet.

Tes talents forment une combinaison unique, comme les empreintes de tes doigts. Personne d'autre que toi n'a exactement la même association de talents avec exactement la même intensité. Ta combinaison est la meilleure pour ton projet. Parce que c'est ta combinaison et c'est ton projet.

Peu importe que ton savoir-faire ne soit pas académique. C'est peut-être une chance pour toi, car ça te permettra d'innover par rapport à tout ce qui a déjà été fait et de produire un résultat différent. La voix du jazzman Louis Armstrong est reconnaissable entre mille et mondialement estimée. Pourtant sa voix avait un défaut : son larynx présentait une anomalie anatomique. Mais Louis Armstrong en a fait une qualité.

Le succès du trompettiste Dizzy Gillespie vient aussi d'un défaut. Aucun professeur n'enseigne de jouer de la trompette en gonflant ses joues à bloc comme un crapaud. Dizzy Gillespie est néanmoins reconnu comme l'un des plus grands trompettistes de jazz de tous les temps.

Le joueur de tennis John McEnroe servait d'une manière inédite qu'aucune école de tennis n'enseigne : pieds parallèles à la ligne de fond de court, dos au filet. Grâce à cette technique improbable, John McEnroe a souvent surpris ses adversaires avec des *aces* fulgurants. Il connut une carrière impressionnante, sept fois vainqueur d'un tournoi du Grand Chelem.

Trouve le moyen d'exploiter ta différence pour en faire un succès. Si tu penses ne pas avoir suffisamment de talent, s'il te manque quelque chose, développe ta curiosité et le talent d'apprendre. Grâce au talent d'apprendre, tu étendras tes talents déjà existants et tu révéleras de nouveaux talents.

Crois en tes qualités

Tu n'es pas parfait. Personne n'est parfait. Tout le monde a des défauts. Tu en as aussi. « L'idéal de la vie n'est pas l'espoir de devenir parfait, c'est la volonté d'être toujours meilleur. », avance Ralph Waldo Emerson. Tu penses que certains ont plus de qualités que toi ? Et alors ? L'essentiel n'est pas tant d'avoir des qualités que de savoir les exploiter. Quel intérêt y a-t-il à se comparer ? C'est toi qui mènes ce projet. Personne d'autre. C'est donc ta personnalité qui prime. De quelles qualités disposes-tu pour faire avancer ton projet ? Quelles sont ces qualités spécifiques qui vont vraiment servir ton projet ?

Pour développer tes qualités, tu peux les exercer dans des domaines où elles sont nécessaires. Mais tu peux aussi le faire par l'observation. Chez chaque personne que tu croises, vois ses qualités bien plus que ses défauts. En faisant cela, tu prendras conscience des tiennes. Tes propres qualités se développeront. En plus, les gens autour de toi deviendront meilleurs non seulement à tes yeux, mais aussi intrinsèquement.

Intéresse-toi vraiment à tes qualités. Si tu te préoccupes uniquement de corriger tes défauts, tu deviendras une personne moyenne. Tandis que si tu te concentres sur tes qualités, tu peux devenir une personne exceptionnelle. Lorsqu'un enfant ou un adolescent a des aptitudes pour le sport, il est généralement à l'aise dans beaucoup de sports. S'il veut devenir un champion, il choisira le sport dans lequel il est le meilleur, pas celui où il est le plus faible. Supposons qu'il pratique le volley dans lequel il excelle et le rugby où il est un joueur honorable. Au moment d'embrasser une carrière, il ne va pas chercher à corriger ses défauts en rugby où il est médiocre. Il va s'investir dans le volley-ball pour y développer ses qualités. De même, attache-toi à affûter tes qualités. Tu auras plus de chances de réussir qu'en gommant tes défauts. De plus, tu gagneras en confiance.

Pulvérise tes croyances limitantes

Avoir la foi est aussi un combat contre nos petites voix intérieures négatives. Cette petite voix négative, tu l'as sûrement déjà entendue. Elle te chuchote : « Tu ne vas pas y arriver, tu n'en es pas capable. Personne ne l'a jamais fait. Pour qui te prends-tu ? Tu n'es pas à la hauteur. Ils sont meilleurs que toi. ». Cette petite voix porte un nom : on l'appelle « la croyance limitante ». Tout est dans son nom. C'est parce que tu la crois que tu te sens limité.

Cette petite voix, qui se prélasse dans notre inconscient nous a été soufflée dans l'enfance par nos éducateurs : nos parents, nos professeurs, nos modèles. La plupart d'entre eux, sinon tous, étaient souvent bien intentionnés, peu conscients des conséquences négatives de leur influence. À l'âge adulte, cette petite voix s'est renforcée en raison de nos expériences d'échec.

Même si à quelques rares occasions, elles peuvent garantir notre sécurité, le plus souvent nos croyances limitantes nous brident dans nos réalisations. Heureusement, il est possible d'inverser le processus en considérant que ces croyances ne sont que des excuses. Selon Napoleon Hill « Tout ce que l'esprit peut croire et concevoir, il peut le concrétiser[59]. »

Pour contrecarrer les effets de tes croyances limitantes, prépare des messages positifs. Émile Coué, l'auteur de la célèbre Méthode Coué, préconise, pour améliorer sa santé, de répéter vingt fois le matin et vingt fois le soir la phrase suivante : « Tous les jours, à tous points de vue, je vais de mieux en mieux ». Reformule cette phrase de manière à ce qu'elle s'adapte à ton cas particulier. Et en la prononçant, associe une émotion positive. Les effets sur ta foi ne mettront que quelques semaines à se faire sentir.

L'assurance de la réussite

Le Cavalier de la Foi, par définition, augmente la confiance en soi. Une foi ferme te donnera une assurance à toute

---

[59] Napoleon Hill, *Réfléchissez et devenez riche*, J'ai lu, 2011.

épreuve avec laquelle tu marcheras résolu vers ton objectif. Tu t'affirmeras en toutes circonstances avec solidité et sérénité. Tu n'entendras pas la petite voix intérieure de tes croyances limitantes. Cette petite voix n'aura peut-être pas disparu, mais elle n'aura plus droit au chapitre. Cette confiance en toi s'accompagnera d'une confiance indéfectible dans les événements, sachant que tu rencontreras nécessairement les bonnes conditions et les bonnes personnes toujours au bon moment pour servir ton projet. L'ampleur de ton assurance ne laissera chez toi aucune place à l'inquiétude et au doute.

Grâce à la foi, tu ne penseras qu'à aller de l'avant sans aucune peur des obstacles. Car tu auras pleinement confiance en tes capacités à évaluer les risques. L'objectif que tu te seras donné occupera principalement tes pensées. Tu traiteras cet objectif comme une mission, quelque chose que tu dois à tout prix accomplir. Tu ne te laisseras pas le choix, laissant les questions superflues à l'écart. Tu agiras comme si c'était une question absolument vitale. Tu verras comme il est reposant de poursuivre ton chemin sans jamais douter de rien, sûr de ton plan, de tes choix. Plus tu progresseras, plus ta foi s'affirmera.

Dans la résolution de problèmes, tu seras extrêmement performant. Souvent, tu auras même anticipé les solutions. Tu aborderas chaque difficulté avec flegme et pragmatisme, évaluant la situation avec beaucoup de recul. Tu prendras toujours le temps de bien analyser les circonstances et de mesurer les conséquences de toutes les possibilités qui s'offrent à toi. Seul un esprit lucide guidé par la foi permet cela d'une manière aussi efficace. Tu ne verras plus les défis que comme des opportunités de déployer ta créativité multiple : dépasser le connu, trouver de nouveaux angles, élargir le champ des possibles. Tout ce qui t'empêchera d'avancer sera en fait une chance unique d'essayer autre chose. C'est pourquoi tu auras toujours le sourire : gagner ou apprendre.

Lorsque le problème est connu, qu'il a été évalué dans toutes ses dimensions, il est temps de passer à la décision. Là aussi, le Cavalier de la Foi te sera utile. Tu feras preuve d'une capacité de décision hors pair. Tu seras capable de prendre des résolutions fermes, en dehors de toutes influences extérieures, et de t'y tenir sans tergiverser comme si ta vie en dépendait. Tout cela sera possible grâce à ton esprit tranchant. Il faut une foi inébranlable pour anticiper toutes les conséquences de ses décisions. C'est ce que tu feras avec bonheur.

Tu seras dans une telle confiance que tu ne songeras jamais à te comparer. Tu ne te sentiras ni mieux ni moins bien qu'un autre. Lorsqu'on se compare, on finit toujours par trouver mieux. Si tu penses que tu vaux moins qu'un autre, tu auras du mal à passer à l'action, à finir ce que tu as commencé. Parce que tu te diras : « quelqu'un l'a déjà fait, je ne pourrai jamais faire mieux. » Effectivement, tu ne feras peut-être pas mieux, mais tu feras différemment. Ce qui demande une bonne dose d'inventivité. « Si l'on ne se compare à personne, on devient ce que l'on est[60]. », a dit Krishnamurti.

Cinq exercices pour la foi

La grâce

Se nourrir de ce que nous offre la Terre est une bénédiction dont nous n'avons plus conscience. À force d'acheter des plats préparés au supermarché, beaucoup d'entre nous ont perdu ce rapport à la nature. Nous ne voyons plus dans la nourriture le miracle qu'elle est. Elle n'est devenue qu'un moyen de nous occuper, d'afficher notre statut social, de combler certaines frustrations, d'apaiser nos névroses,

---

[60] Jiddu Krishnamurti, *Se libérer du connu*, Le Livre de Poche, 1995.

d'assouvir nos désirs ou de nous faire plaisir. À tel point qu'il est devenu extrêmement rare, dans les couches aisées des sociétés occidentales, de manger vraiment par faim. Nous mangeons le plus souvent par habitude ou par réflexe : parce qu'il est l'heure, parce que les autres mangent, parce que nous sommes tentés.

Le moment du repas, particulièrement, concentre la relation que nous avons avec la nature et avec les autres. De nombreuses traditions encouragent à la prière ou aux invocations autour du plat, afin de rendre au repas son caractère sacré. Dans le *Deutéronome*[61], il est écrit : « Tu mangeras à satiété et tu béniras le *Seigneur* ton Dieu pour le bon pays qu'il t'aura donné[62]. » Les catholiques récitent le Bénédicité : « Seigneur, bénis ce repas, ceux qui l'ont préparé, et procure du pain à ceux qui n'en ont pas. » Les musulmans consacrent le miracle de la nourriture par la *Bissmillah*[63] suivante : « Louange à Allah qui m'a accordé cette nourriture et me l'a octroyé sans pouvoir ni force de ma part. » Les bénédictions juives, quant à elles, varient en fonction du type de nourriture. La *Birkat Hamazone* (bénédiction de la nourriture), par exemple, est récitée après les repas comprenant du pain.

---

[61] Dernier livre de la Torah et cinquième livre de l'Ancien Testament.
[62] *Deutéronome* 8.10, Traduction Œcuménique de la Bible.
[63] *Bissmillah* : invocation dans la religion musulmane. Littéralement : « au nom du Seigneur ».

Toi aussi, reconnecte-toi au miracle de la nourriture en priant avant ou après le repas. Écris ton propre texte de gratitude. Je te livre ma version personnelle : « Merci pour ce repas plein de soleil, de pluie et de terre. Qu'il me donne amour, force et lumière. » Dis ta prière dans la joie à chaque repas. Rien ne t'oblige à la réciter à haute voix. Tu peux donc le faire en présence d'autres personnes sans que nul soit gêné.

La liste de tâches magique

Voici, pour rendre ta foi plus dense, un exercice inspiré du livre *La Magie*[64] de Rhonda Byrne, l'auteure du célèbre documentaire *Le Secret*.

Commence par dresser une liste des tâches les plus importantes que tu aimerais voir résolues dans un assez proche avenir. Cette liste est ta « Liste de tâches magique ». Ces tâches peuvent faire partie de ton projet, mais ce n'est pas obligatoire. Si tu as déjà fait le plan de ton projet, tu sais parfaitement tout ce que tu as à faire sur ton parcours. Tu as une bonne connaissance de tout ce que tu dois obtenir pour avancer. Essaye d'être exhaustif. Peu importe que ta

---

[64] Rhonda Byrne, *La Magie*, Guy Trédaniel, 2012.

liste soit courte ou longue. Elle doit refléter tes préoccupations du moment.

Parmi cette liste, sélectionne trois tâches selon des critères qui te sont propres. Tu peux choisir les plus importantes, les moins importantes, les plus difficiles, celles sur lesquelles tu as le moins de prise. Le choix est à ton entière appréciation. L'important est d'en choisir trois. Écris-les à la main à part de façon à bien les détacher des autres tâches. Tu peux même en prévoir deux versions. Une que tu afficheras chez toi à un endroit devant lequel tu passes tous les jours : dans ta chambre, dans ta salle de bain, dans ta cuisine. Une autre que tu porteras sur toi en permanence.

Consacre chaque jour ta pensée, pendant au moins une minute, à chacune des trois tâches prioritaires. Après avoir lu l'une de ces tâches, ferme les yeux et imagine qu'une solution a été trouvée. Imagine que cette tâche est maintenant résolue. Ressens la joie de constater que cette tâche est accomplie. Sens monter en toi une profonde reconnaissance. C'est le signe que la résolution est en marche. Le moment venu, lorsqu'elle sera réellement résolue, tire un trait sur la tâche.

Des lectures inspirantes

Tu pourras aisément fortifier ta foi en lisant des livres inspirants. Tu y puiseras des ressources motivantes. Tu y prendras la force de croire en ta réussite. Prends l'habitude de réserver du temps dans ton agenda quotidien pour la lecture : quinze minutes par jour doivent pouvoir se caser facilement. Ou bien fixe un nombre de pages : dix pages par jour, ça ne prend pas beaucoup de temps.

Tu trouveras sur internet de nombreuses listes proposées par des *bloggers* généreux ravis de partager leurs sources : « la bibliothèque idéale », « les dix livres les plus inspirants », « les dix livres qui ont changé ma vie ». Le choix ne manque pas. Fais ton marché. Il existe des livres inspirants dans différents domaines : développement personnel, biographie, autobiographie, histoire, psychologie, sociologie, spiritualité, et bien d'autres encore. Des livres inspirants sont cités aussi dans la bibliographie en fin de cet ouvrage.

Si tu n'as pas envie de prendre le temps de lire ou si la lecture t'est pénible, tourne-toi vers le livre audio. Audiolib[65], la maison d'édition créée par Hachette et Albin

[65] Audiolib, Livres audio et Podcasts [en ligne], disponible sur : < audiolib.fr > (page consultée le 20 septembre 2019).

Michel, la plus connue dans le monde francophone, propose un catalogue de plus de 400 000 livres enregistrés par des comédiens et des comédiennes professionnels.

Je te propose dans la catégorie spiritualité quelques livres qui ne figurent pas dans la bibliographie de cet ouvrage. Ces livres m'inspirent toujours profondément. À part ceux de Krishnamurti, j'ai choisi des livres peu connus, mais qui d'après moi méritent une meilleure audience. Tous les ouvrages de Jiddu Krishamurti (1895-1986) et particulièrement *Se libérer du connu*[66], *La première et dernière liberté*[67], *La révolution du silence*[68], *Commentaires sur la vie*[69]. *Je suis*[70] de Nisargadatta Maharaj (1897-1981). *Embrasser l'immortalité*[71] de Siddharameshwar Maharaj (1888-1936). *Autobiographie d'un Yogi*[72] de Paramahansa Yogananda (1893-1952), le livre de chevet de Steve Jobs. Et *Créateurs d'avant-garde*[73] d'Abraham.

---

[66] Jiddu Krishnamurti, *Se libérer du connu*, Le Livre de poche, 1995.
[67] Jiddu Krishnamurti, *La première et dernière liberté*, Le Livre de poche, 1995.
[68] Jiddu Krishnamurti, *La révolution du silence,* Le Livre de poche, 1995.
[69] Jiddu Krishnamurti, *Commentaires sur la vie*, J'ai lu, 2015.
[70] Nisagadatta Maharaj, *Je suis*, Les Deux Océans, 2000.
[71] Siddharameshwar Marahaj, *Embrasser l'immortalité*, Les Deux Océans, 2007.
[72] Paramahansa Yogananda, *Autobiographie d'un yogi*, Self Realization Fellowship, 2016.
[73] Abraham, *Créateurs d'avant-garde*, Ariane, 2006.

Le miracle de la santé

C'est lorsque nous l'avons perdue que nous mesurons le caractère si précieux de la santé. Car comme le fait remarquer Jules Renard : « La meilleure santé, c'est de ne pas sentir sa santé. » La santé ne fait pas de bruit. C'est ce que nous dit aussi Paul Valéry : « La santé, c'est le silence des organes. ». La santé est discrète au point qu'on l'oublie trop souvent. Tant qu'elle ne fait pas de bruit, nous nous croyons autorisés à abuser d'elle. Parfois, nous continuons à la maltraiter, faisant la sourde oreille, alors qu'elle donne déjà de légers signaux d'alarme qui s'amplifieront jusqu'à ce que quelque chose cède.

C'est pourquoi il faut savoir honorer sa santé dès maintenant, même si tout va bien pour l'instant. D'une part en faisant ce qu'il faut pour la préserver : bien dormir, bien manger, bien bouger, bien respirer et bien penser. D'autre part en faisant preuve de reconnaissance à son égard. Lorsque dans la vie, nous gratifions quelqu'un d'un compliment pour un service rendu que nous avons apprécié, cette personne aura à cœur à l'avenir de nous satisfaire. De même, notre santé goûte le plaisir d'être reconnue pour le travail qu'elle accomplit au quotidien sans notre intervention. Ainsi encouragée, elle continuera de nous servir, pour peu que nous lui ménagions les meilleures conditions.

Pense à trois organes (ou trois parties) de ton corps. Les yeux fermés, plonge ta conscience à l'intérieur de chacun d'entre eux. Et adresse-leur un immense sourire intérieur chargé de gratitude. Pense avec force et sincérité : « Merci pour tout le travail que tu accomplis, merci de gérer ta fonction au mieux, en parfaite autonomie. » En faisant cet exercice chaque jour ou chaque semaine, tu te maintiendras en bonne santé et fortifieras ta foi.

L'émerveillement

« On s'étonne trop de ce qu'on voit rarement et pas assez de ce qu'on voit tous les jours. », regrettait en son temps Félicité de Genlis (1746-1830). Beaucoup d'entre nous avons perdu notre capacité à nous émerveiller, à tel point que le mot lui-même est légèrement tombé en désuétude. L'émerveillement ou plutôt ce qu'il en reste n'est plus exprimé aujourd'hui que par des mots aussi creux que « super », « cool » ou « génial ». L'émerveillement est pourtant d'une énergie hautement positive, à l'instar de l'enthousiasme. Il mérite un vocabulaire expressif plus riche et plus vaste. Repense à la tirade de Cyrano de Bergerac : « Ah ! non ! c'est un peu court, jeune homme ! On pouvait dire… Oh ! Dieu ! … bien des choses en somme[74]… »

---

[74] Edmond Rostand, *Cyrano de Bergerac*, Flammarion, 2013.

Émerveille-toi au moins une fois par jour. Les sources d'émerveillement ne manquent pas tout autour de toi. Il te suffit d'être conscient. Le merveilleux est partout. Dans l'industrie par exemple. N'es-tu pas émerveillé de pouvoir parler à quelqu'un qui se trouve à l'autre bout du monde ? N'es-tu pas émerveillé par l'ascenseur qui te transporte au sommet en quelques secondes ? Par les ponts qui raccourcissent le temps d'une rive à l'autre, parfois depuis des siècles ? Le corps humain lui-même est une merveille : la circulation sanguine, la respiration, le système digestif. N'es-tu pas émerveillé par l'apparition du langage chez un enfant ? Et que dire de la nature ? Il suffit de cueillir un fruit, de ramasser un légume, pour se nourrir. N'es-tu pas émerveillé par l'orage, par l'océan, par les insectes ? Ou même par un brin d'herbe ?

Ouvre les yeux et ton cœur. Cultive chaque jour ta capacité d'émerveillement. C'est une route qui t'ouvrira la foi et t'enseignera l'humilité.

Harriet Tubman ou la Foi

Harriet Tubman
(vers 1820-1913)

À la fin de l'automne 1849, par une nuit sans lune, une silhouette se glisse furtivement d'arbre en arbre. Harriet Tubman, vingt-neuf ans, s'échappe de la plantation où elle est née esclave. C'est sa deuxième tentative. Quelques semaines plus tôt, le 17 septembre, elle s'était déjà fait la belle avec deux de ses frères, Ben (vingt-cinq ans) et Harry (dix-neuf ans). Leur maîtresse avait alors promis une récompense de trois cents dollars pour leur capture. Mais ce ne sont pas les cupides chasseurs d'esclaves et leurs chiens qui les ont ramenés. Ce sont ses propres frères. Après trois semaines à rester cachés dans les alentours, ils cèdent à la panique et décident de rentrer. La liberté ? Pour aller où ?

Et pour quoi faire ? Ils sont nés esclaves, enfants de parents eux-mêmes nés esclaves. La liberté n'a rien de concret pour eux. Ils n'ont jamais connu que la servitude. Mais Harriet, elle, voit les choses autrement : « L'esclavage, c'est ce qui vient juste après l'enfer. » Alors la liberté, ça ne peut pas être pire.

Cette fois-ci, rien ne pourra la faire renoncer à son projet. Cinquième d'une fratrie de neuf enfants, Harriet n'a pas supporté de ne plus jamais voir ses trois sœurs aînées vendues à un planteur éloigné. Elle n'en peut plus de ces injustices qu'elle subit chaque jour, de ces violences dont elle gardera les traces dans sa chair jusqu'à la fin de sa vie. Elle se souvient de la première fois. Elle avait cinq ou six ans seulement. Elle avait été louée à une propriétaire voisine. Sa mission consistait à veiller sur un bébé pendant son sommeil. Chaque fois que l'enfant pleurait, Harriet était sévèrement fouettée, ce qui un jour arriva cinq fois dans la matinée !

Après son évasion, avec le concours de quelques quakers et surtout grâce à l'Underground Railroad (le Chemin de Fer Clandestin), Harriet passe d'un lieu sûr à un autre lieu sûr à la faveur de la nuit. Évitant les chasseurs d'esclaves, elle marche résolument vers Philadelphie en Pennsylvanie, terre de liberté pour les Noirs.

L'Underground Railroad n'est pas un vrai chemin de fer. C'est un réseau de chemins clandestins utilisé par les esclaves pour fuir la servitude au-delà de la ligne Mason-Dixon, ligne de démarcation entre les états abolitionnistes du Nord et les états esclavagistes du Sud. Le réseau, qui va jusqu'au Canada, est constitué de routes secrètes, de points de rencontre, de refuges protégés, de différents moyens de transport. D'anciens esclaves, des Noirs libres, des abolitionnistes Blancs et des membres de congrégations religieuses comme les quakers ou les méthodistes, encadrent ce réseau dans l'ombre. Bien qu'ils se déplacent fréquemment à pied, les fugitifs utilisent à l'occasion le bateau, le train ou des chariots. L'Underground Railroad (UGRR) doit son nom au langage codé utilisé par les fuyards et leurs soutiens. Emmenés par un guide (« chef de train »), les anciens esclaves (« passagers ») progressent la nuit vers l'étoile Polaire. Ils se reposent le jour dans un refuge (« station »), le plus souvent une grange, mis à disposition par un « chef de gare », avant de reprendre la route au crépuscule pour rejoindre la station suivante éloignée de quinze à trente kilomètres, marchant la nuit entière. Chaque année, environ mille esclaves empruntent « le train de la liberté » avec succès.

Au terme d'un éreintant et angoissant périple, après avoir parcouru cent quarante-cinq kilomètres, Harriet arrive enfin à Philadelphie pour un nouveau départ dans la vie : « Quand je découvris que j'avais franchi cette ligne, je regardai mes mains pour voir si j'étais la même personne. » Mais la joie est amère : « Il n'y avait personne pour m'accueillir au pays de la liberté. J'étais une étrangère dans un pays étrange ; et ma maison, en fait, se trouvait au Maryland, parce que mon père, ma mère, mes frères, mes sœurs et mes amis y étaient. Mais j'étais libre et ils devraient l'être aussi. » Dès lors, Harriet ne songe qu'à libérer sa famille. Elle travaille comme domestique afin d'économiser pour la libération des siens.

En décembre 1850, elle fait ce qu'aucun ancien esclave n'a jamais osé faire : elle revient sur les terres de sa captivité. En tant que chef de train, elle conduit l'évasion de sa nièce, de son mari et de leurs deux enfants, juste avant qu'ils ne soient vendus. Quelques mois plus tard, c'est au tour de son plus jeune frère. De 1850 à 1860, Harriet, ou Moïse, comme on la surnomme, accomplit treize expéditions, libérant environ soixante-dix personnes, dont toute sa famille (à l'exception de sa plus jeune sœur Rachel et de ses enfants), et des bébés malgré l'immense risque que cela implique. Thomas Garrett, un célèbre agent de l'UGRR, dira d'elle plus tard : « Sa foi en un pouvoir suprême était vraiment énorme. » Intransigeante, elle n'hésite pas à pointer son revolver sur tous ceux qui font mine de rebrousser chemin : « Avance ou meurs ! » Faisant preuve d'une ruse sans égal, elle se déguise en vieille femme, en jeune bourgeoise et même en homme, et change systématiquement de circuit d'une fois sur l'autre. « Je peux dire ce que la plupart des chefs de train ne peuvent pas dire : je n'ai jamais fait dérailler mon train et je n'ai jamais perdu un passager. »

Grâce aux renseignements qu'elle leur fournit, soixante-dix autres esclaves arrivent à sortir par leurs propres moyens des griffes de leurs maîtres. Son bilan fait déclarer à Frederick Douglass, l'ancien esclave désormais orateur abolitionniste : « À l'exception de John Brown, je ne connais personne qui ait volontairement bravé autant de périls et de tribulations pour libérer notre peuple enchaîné. »

Durant la Guerre de Sécession, de 1861 à 1865, alternativement, infirmière, guide, cuisinière, et espionne dans l'Armée de l'Union, Harriet est la première femme américaine à diriger une attaque en territoire ennemi. Elle conduit le Deuxième Régiment Noir de Caroline du Sud qui libère plus de sept cents esclaves de plantations du Sud.

Après la guerre, Harriet milite pour le droit de vote des femmes, lève des fonds pour l'éducation des esclaves libérés, et fonde dans sa propriété une maison de retraite pour les Noirs, avant de s'éteindre le 10 mars 1913, à l'âge de quatre-vingt-treize ans. Kate Clifford Larson, l'une de ses plus récentes biographes, résume ainsi la vie de cette combattante : « La vie de Harriet Tubman était ancrée dans une foi spirituelle extrêmement profonde et une passion humanitaire de longue date pour la famille et la communauté, pour lesquelles elle a risqué sa propre vie, démontrant ainsi une détermination inflexible et vraisemblablement intrépide à la recherche de la liberté, de l'égalité, de la justice et de l'autodétermination, tout au long de sa longue et productive vie[75]. »

Décide et avance

Inspire-toi de la vie de ceux qui ont réussi, en partant d'où tu es, en allant où tu vas. Ça peut marcher pour toi aussi. Ils ont des stratégies que tu peux copier. Aie foi en ton projet, la matière de ton succès. Aie foi en tes talents, les outils de ton succès. Aie foi en tes qualités, l'esprit de ton succès. Surtout, fais taire cette petite voix qui voudrait te faire croire que tu n'es pas capable, que tu n'es pas assez.

---

[75] Kate Clifford Larson, *Bound for the Promised Land*, One World, 2004.

Elle n'est plus dans l'actualité. Elle vient d'un très lointain passé.

Rends grâce à la nature pour chaque repas qu'elle offre à ta table, en disant depuis ton cœur un texte écrit par tes soins. Pratique consciencieusement l'exercice de la « Liste de tâches magique ». Et regarde-la diminuer avec contentement. Lis chaque jour quelques pages d'un livre inspirant. Tu y trouveras de la matière pour tes réflexions. Honore ta santé, à travers tes organes et leurs fonctions. Retrouve l'émerveillement de l'enfance dans tout ce qui t'entoure à la ville comme à la campagne.

En fortifiant le Cavalier de la Foi, tu augmenteras ta confiance en toi. Tu t'affirmeras résolument dans toutes les situations, muselant tes croyances limitantes. Tu seras sûr de ton plan, sûr de tes choix. Chaque problème trouvera sa solution, classique ou innovante, grâce à ta clarté d'analyse. Tu disposeras d'une excellente capacité de décision, et d'une facilité de passage à l'action. Parce que tu n'auras pas en tête de te comparer aux autres. Tu iras toujours de l'avant, droit vers ton objectif, insensible aux influences négatives.

Récapitulatif

Définition

La foi est, non pas la croyance que l'on va réussir, mais la certitude que l'on ne peut que réussir. La foi se place autant en toi qu'en ta réussite. C'est une conviction forte et inébranlable, la confiance absolue dans un avenir favorable.

Cinq stratégies

- Si ça marche pour eux
- Crois en ton projet
- Crois en tes talents
- Crois en tes qualités
- Pulvérise tes croyances limitantes

Cinq exercices

- La grâce
- La liste des tâches magique
- Des lectures inspirantes
- Le miracle de la santé
- L'émerveillement

VII

Le Cavalier de la Persévérance

La chute n'est pas un échec. L'échec, c'est de rester là où on est tombé.

Socrate

Campé sur sa robuste monture, le Cavalier de la Persévérance assure ton arrière-garde. Le visage carré, le corps endurci, mais le regard doux, il n'a jamais connu le renoncement. Sa bonté, sa gentillesse, son indulgence, cachent une résilience à toute épreuve et un courage exemplaire. Le Cavalier de la Persévérance n'a pas son pareil pour contourner les obstacles parce qu'il a su les anticiper. Il surveille tes arrières. Il t'aidera à te relever quand tu chuteras. Si tu tombes sept fois, il te relèvera huit.

La persévérance surmonte les obstacles. Elle t'aide aussi à te remettre de tes échecs : « Le succès de chacun semble directement proportionnel à l'importance des obstacles et des difficultés qu'il a dû surmonter[76]. » Son rôle est de te faire continuer la route coûte que coûte.

---

[76] Napoleon Hill, *Les lois du succès tome 4*, Performance, 2012.

Le mot persévérance vient du latin *perseverare* qui se traduit par persister, continuer, et qui est formé à partir du radical *severus* signifiant sévère. Le Centre National de Ressources Textuelles et Lexicales donne comme définition du mot « sévère » : « Qui n'admet pas les fautes et les faiblesses. » La persévérance ne tolère pas la faiblesse envers soi-même. Aucun apitoiement dans la chute.

La persévérance est le fait de se relever à chaque fois qu'on tombe. C'est poursuivre une action malgré les difficultés, les vicissitudes qui nous accablent. La persévérance t'aide à venir à bout de tout ce qui te sépare de ton objectif, peu importe les émotions négatives qui t'assaillent. La persévérance ne croit pas en la fatalité, mais uniquement au mérite que tu te donnes.

C'est toujours bientôt

Tout le monde a des rêves, des idées, des projets. Parmi tous ces gens, il y a ceux qui restent dans l'abstraction, la majorité : ceux qui disent « un jour… » ou « quand j'aurai du temps, quand j'aurai de l'argent, quand j'aurai toute la connaissance… ». Et puis il y a ceux qui passent à l'action, qui démarrent leur projet. Au début, ils sont tout excités :

enfin, ils concrétisent ! Ils peuvent être fiers : ils sont si peu à passer à l'action. Mais rapidement arrive la lassitude ou le premier revers ; les choses ne se passent pas aussi vite, aussi facilement, que prévu. C'est le creux de la vague, le premier : le phénomène que tout entrepreneur connaît après un démarrage en fanfare, dans le feu de l'excitation. Ce passage est inévitable. Au-delà, ils seront encore moins nombreux. Seuls les plus persévérants se retrouveront de l'autre côté de l'abîme, prêts à gravir la montagne suivante.

Le Cavalier de la Persévérance t'aidera à franchir les ravins, à te jouer des embûches, à grimper les sommets, à endurer l'isolement, à nager à contre-courant. C'est lui qui t'aidera à retrouver ton équilibre après chaque trébuchement, à te relever après chaque chute : « tomber sept fois, se relever huit[77]. » La persévérance, c'est la force de se relever et de continuer en dépit des infortunes. C'est la capacité à se remettre des expériences émotionnelles négatives. C'est trouver l'énergie nécessaire pour poursuivre la route jusqu'à son terme sans prendre le temps de s'apitoyer sur son sort.

[77] Proverbe japonais.

Démosthène[78], handicapé par un fort bégaiement[79], devient à force d'entraînement l'un des plus grands orateurs de tous les temps. Thomas Edison[80] procède à des milliers de tentatives infructueuses avant d'inventer l'ampoule électrique[81]. Winston Churchill[82], après dix ans de traversée du désert, devient Premier ministre de Grande-Bretagne à 65 ans et l'un des principaux artisans de la victoire sur l'Allemagne nazie. Le Colonel Sanders[83], fondateur de KFC[84], voit sa recette refusée 1 009 fois avant de conquérir le monde à 66 ans. Walt Disney[85] sollicite 302 banques afin d'obtenir un prêt pour le premier parc à thème du monde. Soichiro Honda[86] essuie plusieurs revers avant de lancer sa première moto… Chacun de ses hommes

---

[78] Démosthène (384-322 av. J.-C.), orateur.

[79] « Cependant la première fois qu'il parla devant le peuple, le bruit fut si grand qu'il ne put se faire écouter ; on se moqua même de la singularité de son style, dans lequel la longueur des périodes jetait de l'obscurité, et qu'il avait surchargé d'enthymèmes jusqu'à la satiété. Il avait d'ailleurs la voix faible, la prononciation pénible et la respiration si courte, que la nécessité où il était de couper ses périodes pour reprendre haleine en rendait le sens difficile à saisir. » Plutarque, *La vie des hommes illustres, tome 4 : vie de Démosthène*, Didier, 1844.

[80] Thomas Edison (1847-1931), inventeur, fondateur de General Electric.

[81] « Je n'ai pas échoué. J'ai simplement trouvé dix-mille solutions qui ne fonctionnent pas. » Thomas Edison.

[82] Winston Leonard Spencer-Churchill (1874-1965), homme d'État.

[83] Harland David Sanders (1890-1980), restaurateur, fondateur de KFC.

[84] Kentucky Fried Chicken.

[85] Walter Elias Disney (1901-1966), producteur, réalisateur, scénariste et fondateur de Walt Disney Company.

[86] Soichiro Honda (1906-1991), ingénieur, fondateur de Honda Motor Company.

avait un rêve qui justifiait ses efforts. Tous ont persévéré malgré l'adversité.

Le Cavalier de la Persévérance n'a que faire du temps qui passe. Seul compte la réussite. Peu importe quand elle arrivera. Chaque obstacle franchi la rapproche. Le moment du sacre est toujours pour bientôt. En vérité, c'est comme si c'était déjà fait. Un échec n'est qu'une possibilité qui ne fonctionne pas ; une fois cette tentative cochée, livre-toi sans tarder à un autre essai. Le bon viendra tôt ou tard. Suis ce conseil de Harriet Beecher Stowe[87] : « Lorsque tu te retrouves dans une situation délicate et que tout est contre toi jusqu'à ce qu'il semble que tu ne puisses plus tenir une minute de plus, n'abandonne jamais, car c'est justement l'endroit et le moment où la marée va s'inverser[88]. » Tu as peut-être déjà parcouru plus de chemin qu'il ne t'en reste. Renoncer n'est plus une option.

---

[87] Harriet Beecher Stowe (1811-1896), romancière abolitionniste, auteur de *La case de l'Oncle Tom* (1857).
[88] Harriet Beecher Stowe, *Old Town Folks*, 1869.

Le grand gel

Tu n'auras pas besoin du Cavalier de la Persévérance si tout se déroule parfaitement bien selon le plan établi. Seulement, voilà : rien ne se déroule jamais comme prévu, quel que soit l'angle ou la focale. L'impondérable fait partie du projet. L'incertitude est la seule certitude. Prendre la route, c'est accepter cela.

Le plus gros risque d'un manque de persévérance est l'abandon pur et simple. Cela t'arrivera dans les premiers temps du projet si tu n'as aucune persévérance. Il n'est même pas nécessaire à ce moment-là qu'il y ait d'obstacle. Il suffira d'un simple ralentissement qui s'éternise comme cela arrive couramment en cours de projet. L'attente entraînant la lassitude te fera baisser les bras définitivement. Il sera inutile de te lancer dans un autre projet tant que tu n'auras pas travaillé ta persévérance, car le même scénario se répétera chaque fois : 1. Idée, 2. Préparation, 3. Lancement, 4. Ralentissement ou blocage, 5. Abandon. Ton projet s'effondrera comme une construction élevée sans fondations.

Avec un peu plus de persévérance que zéro, le moindre coup de vent te fragilisera. Si tu n'abandonnes pas tout de suite, tu céderas au découragement voire à la déprime ou à la dépression. Tout ce que tu regarderas sera teinté du plus profond pessimisme. Alors, tournant en rond, tu mèneras des actions sans fin aussi infructueuses qu'irréfléchies. Devant de petites difficultés, l'amertume t'envahira réduisant tes forces à néant.

Ne sachant plus quelle direction prendre, marchant sur tes lacets, te cognant aux portes, tu appuieras dans l'obscurité sur des sonnettes muettes. Alors un insondable sentiment d'incapacité te paralysera. Tu finiras par t'épuiser même dans l'inaction, entre ton lit et ton fauteuil... tout seul dans ta baignoire où viendront t'envahir les pensées les plus noires. Une flaque deviendra un océan, une butte deviendra une montagne.

Le soleil le plus radieux, les fleurs les plus parfumées auront beau s'offrir à toi, tu seras perdu à la beauté du monde. Sans plus aucun avenir à espérer, tu commenceras à douter de la validité de ton projet. « Était-ce une bonne idée ? N'aurai-je pas dû... » Au lieu d'écrire fièrement la suite de ton histoire, tu boucleras perpétuellement sur une piètre version du passé.

Rongé par les regrets inutiles, tu assisteras impuissant à la mise en miettes méticuleuse de ton estime de soi. La honte de la défaite sera accrochée à ton front. Le cœur noyé de larmes, tu ne trouveras plus ton plaisir que dans l'apitoiement sur ta misère. Le mot ÉCHEC cinglera ton échine.

Finalement, tu commenceras, avec rancœur, à accuser les autres : le gouvernement, ton éducation, la chance... Ta colère se déchaînera sur le temps, les circonstances, le manque de moyens... Pour toi, longtemps, projet rimera avec défaite.

Culpabilité, honte, tristesse, colère... L'intérieur gelé, calciné, tu ne comprendras même plus ce que tu ressens. Qui pourrait t'aider ? Pendant tout ce temps, des portes étaient ouvertes, des mains se sont tendues, mais tu ne les as pas vues.

Cinq stratégies pour assurer ta persévérance

Repense à ton Pourquoi

Lorsque tu te sens proche d'abandonner, pose-toi un moment et songe à ton « pourquoi ». Songe à la raison profonde qui a fait que tu t'es engagé sur ce chemin. Tu n'étais pas obligé. Quelque chose t'a poussé à le faire. Raccroche-toi à cet élan. Retrouve cette flamme qui t'animait au début. Tu ne le fais pas que pour toi. Pense à toutes ces personnes qui n'auront pas les bénéfices de ton engagement si tu déposes les armes. Tu t'es mis en marche parce que tu as quelque chose de nécessaire à offrir. Si tu ne vas pas jusqu'au bout, à quel point le fruit de tes efforts manquera-t-il ?

Dans le merveilleux film de Franck Capra, *La vie est belle*[89], George Bailey, le personnage principal incarné par James Stewart, envisage de se suicider. Avant qu'il ne passe à l'acte, son ange lui montre ce que serait le monde sans lui, comment ses proches vivraient. George réalise alors à quel point sa vie est nécessaire, à quel point son action est indispensable. Immédiatement, il mesure l'impact positif qu'il a sur le monde qui l'entoure. Il retrouve la joie de vivre. Il retrouve l'ardent désir de reprendre le cours de sa vie et de faire face aux difficultés. Je t'encourage vivement à regarder ce film sorti en 1947, l'un des meilleurs *feel-good movies* de toute l'histoire du cinéma.

Ton projet est partie intégrante de ta mission. Si tu arrêtes maintenant, tu mets ta mission en panne. Regarde tout le chemin que tu as déjà parcouru. Mesure les obs-

---

89 *La vie est belle (It's a Wonderful Life)*, Franck Capra, Swashbuckler, 1947.

tacles que tu as déjà franchis. Sois fier de ce que tu as déjà accompli. Il peut y avoir des moments de découragements dans un projet. Ils sont très souvent passagers. Fais une pause. Déconnecte quelque temps. Médite sur ce que tu viens de lire. Et retrouve la persévérance pour le bien de tous.

Prends soin de toi

Pour rester persévérant en toutes circonstances, prends bien soin de toi. Car un corps et un esprit négligés fragilisent le Cavalier de la Persévérance. Évite à tout prix la fatigue, car à la longue elle pourrait te pousser à jeter l'éponge. Prête particulièrement attention à ton sommeil et à ton alimentation.

Apprends à connaître ta bonne dose de sommeil, et surtout le seuil en dessous duquel tu ne dois descendre à aucun prix. La quantité de sommeil nécessaire est différente pour chacun. Plutôt que de dormir d'une traite, tu peux optimiser ton repos en adoptant le sommeil polyphasique, c'est-à-dire en l'organisant en plusieurs phases. Plusieurs méthodes existent ; choisis celle qui te convient le mieux. Pour limiter tes siestes dans la journée, je te suggère de ne pas t'allonger dans ton lit douillet et de ne surtout pas te mettre en position fœtale – la position doit être juste confortable pour sombrer quinze à trente minutes. Allonge-toi plutôt au sol habillé sur un tapis de yoga et règle ton réveil sur la durée souhaitée. Pour être sûr de ne pas dépasser le temps nécessaire, Salvador Dali dormait assis dans son fauteuil, une cuillère en métal à la main. Lorsque la cuillère lui échappait de la main et tombait bruyamment, il estimait avoir assez dormi.

L'alimentation devrait être ton autre sujet de préoccupation pour bien prendre soin de toi. Mange sain, mange suffisamment. Ceci n'est pas un livre de diététique, je ne rentrerai donc pas dans le détail de ce que tu devrais manger. Garde-toi simplement des abus. Prends note que certaines substances en excès peuvent te fatiguer à la longue plutôt que de t'apporter de l'énergie. Évite donc l'abus d'alcool, de sucreries, de tabac.

On s'adapte

Bien rares sont les plans qui se déroulent sans accrocs, sans détours. Jamais un bateau à voile ne trace sa route en ligne droite. Même lorsqu'il est possible de dessiner virtuellement une ligne droite entre son point de départ et sa destination, jamais il ne peut la suivre. En vérité, il passe plus de temps en dehors de cette ligne, que sur cette ligne. Il adapte constamment sa trajectoire, en fonction des vents, en fonction des courants, en fonction de la météo. Et finalement, il arrive à bon port sans avoir suivi la ligne droite.

Dans le film *Le sens de la fête*[90], Max, personnage interprété par Jean-Pierre Bacri, organise un mariage pour des clients dans un somptueux château du XVIIe siècle. Comme d'habitude, il doit gérer les cuisiniers, les serveurs, l'orchestre, les animations, le photographe, la décoration, etc. Mais rien ne se déroule comme prévu. Max doit faire face à une succession d'impondérables. Jamais il ne se décourage, répondant à chaque difficulté par un flegmatique « on s'adapte ». Finalement, ce qui aurait dû être un désastre se transforme en succès. Certes, la journée et la soirée ne correspondent pas au plan initial. Mais c'est loin d'être un échec ; c'est simplement différent.

Le secret de la persévérance, c'est l'adaptabilité. Sois prêt à t'adapter. À chaque résistance, assouplis-toi. Trouve le moyen de contourner les obstacles. Invente des solutions ; sois créatif. Il se pourrait que tu aboutisses à une bien meilleure issue. Entraîne ton adaptabilité en réfléchissant systématiquement à des plans B pour chaque situation. S'adapter, c'est aussi anticiper.

---

[90] *Le sens de la fête*, Éric Toledano et Olivier Nakache, Gaumont, 2017.

Sache t'entourer

« Vous êtes la moyenne des cinq personnes avec qui vous passez le plus de temps. » Cette phrase est de Jim Rohn, le mentor de Tony Robbins. Je suis sûr que tu es déjà en train de faire l'inventaire de tes fréquentations les plus proches. Vérifie dans chaque secteur de vie. Cette moyenne s'applique à tous : carrière, finances, loisirs, santé, etc. Regarde autour de toi : les gens fréquentent généralement des personnes de la même classe socioculturelle, à quelques exceptions près.

Ne laisse pas rentrer dans ta vie des gens qui pourraient te tirer vers le bas. Évite tout particulièrement les gens négatifs, pessimistes, alarmistes, les neurasthéniques, les inquiets, les craintifs. Ces gens-là ne te permettront pas d'avancer. Leurs paroles ne pourront que te décourager. Lorsque tu leur parleras de tes projets, ils pointeront immédiatement les difficultés éventuelles. Ils projetteront leurs peurs sur ton entreprise. En vertu de cette loi des moyennes, tu risques fort d'être influencé et de ne jamais décoller. Si tu ne peux vraiment pas exfiltrer cette catégorie de personnes de ta vie, fais en sorte de moins les fréquenter. Et surtout, ne leur parle jamais de tes ambitions.

Entoure-toi de personnes en accord avec tes projets. Si tu cherches l'âme sœur, fréquente plutôt des couples, car tes amis célibataires verront peut-être d'un très mauvais œil, souvent inconsciemment, que tu quittes leur confrérie. Si tu souhaites être entrepreneur, rapproche-toi d'autres entrepreneurs qui comprendront tes problématiques. Si tu veux progresser dans n'importe quelle discipline (art, sport, sciences), entoure-toi de personnes plus avancées que toi dans cette discipline et tu seras tiré vers le haut.

Prépare ta trousse d'urgence

« Celui qui attend d'être malade pour aller chez le médecin est aussi fou que celui qui attend d'avoir soif pour creuser un puits. », dit le proverbe chinois. Le jour où tu seras habité par le doute, proche de renoncer, tu n'auras peut-être plus assez d'énergie ou de temps pour réfléchir à un remède, pour te procurer un remède, pour consommer un remède. Ce n'est plus lorsque tu es déjà faible mentalement, lorsque ta persévérance faiblit à force d'être éprouvée, qu'il est temps de chercher un moyen de sortir de l'ornière psychologique.

C'est au contraire au plus fort de ta détermination qu'il te revient de composer ta trousse de secours. « Le meilleur moment pour réparer sa toiture, c'est quand le soleil brille. », affirmait John Kennedy. Si tu as bien anticipé, quand la flamme de ton courage vacillera, tu n'auras qu'à tendre la main et ouvrir ta trousse d'urgence pour raviver l'énergie du guerrier.

Tu te connais bien. Tu sais reconnaître chez toi les signes du découragement. Il est normal de vivre des périodes de découragements au cours d'un projet. Mais il faudrait que ces périodes durent le moins longtemps possible. Dresse la liste de tout ce qui te ressource ou te donne la « pêche ». Fais en sorte d'avoir tout ce matériel à disposition, prêt à être déclenché en cas d'urgence. Dans ma liste de films, j'ai *La vie est belle* de Frank Capra que j'ai vu un nombre incalculable de fois. Dans ma liste de musiques, il y a *I Got You (I Feel Good)* de James Brown. J'ai aussi une liste d'activités : promenade en forêt, yoga, méditation. Compose ta propre liste dès maintenant. Et active-la au plus tôt dès que nécessaire : chante, danse, crie, bouge… Secoue-toi !

Ce qui ne te tue pas

Le premier cadeau du Cavalier de la Persévérance n'est-il pas de renforcer notre armure ? C'est ce que nous laisse entendre la maxime de Nietzsche « *Was mich nicht umbringt, macht mich stärker.* » (Ce qui ne me tue pas me rend plus fort[91].) Ou encore celle moins connue de Ralph Waldo Emerson qui à mon sens est plus profonde, car elle laisse poindre un sentiment de gratitude pour la leçon reçue : « En général, tout mal auquel nous ne succombons pas est pour nous un bienfaiteur[92]. » Pour le Cavalier de la Persévérance, chaque enchaînement chute-redressement est une nouvelle baignade intégrale dans les eaux du Styx.

Toute épreuve sera pour toi l'occasion de t'immuniser un peu plus contre l'adversité. Mais tu seras d'autant plus persévérant que tu auras compris la leçon. « Le succès ne consiste pas à ne jamais faire d'erreur, mais à ne jamais faire la même erreur deux fois[93]. » Une épreuve est une occasion de grandir, une opportunité d'évoluer. Tombe et relève-toi grandi, plus solide et confiant. Plus haut tu seras, plus dure sera la chute, et plus il te faudra de persévérance pour remonter en selle. Peu à peu, tu gagneras un sentiment d'invincibilité, une impression prégnante que tout te réussit.

Après chaque revers, tu reviendras au combat le caractère mieux forgé, heureux de reprendre les armes, enthousiaste à l'idée d'en découdre à nouveau. Rien ne

---

[91] Friedrich Nietzsche, *Le crépuscule des idoles* (1888), Éditions CdBF, 2017.
[92] Ralph Waldo Emerson, *Essais : Histoire, Compensation, Expérience , Destin* (1841-1844), Michel Houdiard, 2017.
[93] George Bernard Shaw.

pourra te faire succomber avant le sommet. À aucun moment, tu ne songeras à arrêter, aussi dures que soient les épreuves. Même seul contre tous, tu sauras que tu peux finir en vainqueur. Cette conviction ancrée dans ton cœur coulera dans tes veines.

La persévérance t'offrira la meilleure capacité de rebond. C'est à cela que le Général George Patton jugeait un homme : « Je ne mesure pas le succès d'une personne au sommet qu'il atteint, mais plutôt à la façon dont il rebondit lorsqu'il touche le fond. » Ce sont les opportunités de rebond qui façonneront ton caractère au fil des épreuves. Après chacune d'entre elles, tu t'attacheras à remonter au créneau, insensible aux émotions négatives, ayant toujours en ligne de mire ton triomphe final.

En 1985, Steve Jobs, le fondateur d'Apple, est poussé dehors par le directeur général qu'il a lui-même recruté. Il touche le fond pour la première fois depuis les débuts de son irrésistible ascension en 1975. Heureusement en dix ans, il a eu le temps de muscler sa persévérance. Car avec ses nouvelles sociétés NeXT et Pixar, qu'il monte après son éviction d'Apple, il alterne les chutes et les rebonds d'une façon qui donne le vertige.

Douze ans après, en 1997, Steve Jobs réalise l'une des plus belles *remontadas* de toute l'histoire de l'entrepreneuriat, lorsqu'il reprend les rênes d'Apple, alors au bord de la faillite. En pleine confiance, il exprime ainsi sa vision : « Je pense que nous avons l'occasion de prendre le prochain grand virage technologique et de dépasser Microsoft et tous les autres. » Dès l'année suivante avec la sortie de l'iMac, Apple ne quittera plus jamais les sommets, enchaînant les révolutions : Apple Store (2001), iPod (2001), iTunes (2001), iTunes Store (2003), iPhone (2007), App Store (2008), iPad (2010), iCloud (2011).

L'année de sa disparition en 2011, Steve Jobs est classé par le magazine Forbes à la trente-neuvième place des plus grandes fortunes américaines. Tandis qu'Apple devient la société la mieux valorisée au monde devant « Microsoft et tous les autres ». À propos de ses douze années de traversée du désert, Steve Jobs disait : « Je ne le comprenais pas encore à l'époque, mais avoir été viré d'Apple a été la meilleure chose qui pouvait m'arriver. Cela m'a libéré et m'a permis d'entrer dans une des périodes les plus créatives de ma vie. »

Cinq exercices de persévérance

Positiver

Transforme tes expériences « négatives » en expériences positives. Les faits sont les faits. Ils sont parfaitement neutres. C'est ton jugement qui les fait basculer d'un côté ou d'un autre. Il n'y a, en réalité, pas d'événements négatifs ou positifs. Il n'y a que des challenges, des opportunités d'évolution, des défis excitants. Certaines situations sont délicates, d'autres sont plaisantes. Mais toutes sont fructueuses à plus ou moins long terme. À force de pratiquer cet exercice, tu ne verras même plus d'expériences négatives. Fais tienne la maxime de Nelson Mandela : « Je ne perds jamais. Soit je gagne, soit j'apprends. »

Réfléchis aux leçons que tu peux tirer de chaque situation dont tu ne sors pas gagnant à première vue. Si à partir d'un événement heureux, tu remontes le cours du temps, tu trouveras toujours des circonstances qui t'avaient paru « négatives » sur le moment, un événement déclencheur sans lequel une suite d'événements heureux n'aurait jamais pu avoir lieu. Vois les problèmes, les obstacles, non pas comme des empêchements à réaliser ton objectif, mais comme de réelles opportunités d'évolution.

« Les désastres et tragédies de la vie servent à briser les habitudes qui conduisent une personne à l'échec, défaisant du même coup l'emprise de la force cosmique des habitudes[94] et permettant ainsi à cette personne d'acquérir de meilleures habitudes[95]. », nous révèle Napoleon Hill.

À partir de maintenant, bannis de ton vocabulaire des mots-camisoles comme : échec, problème, obstacle, etc. Écris la liste des mots qui pour toi les remplaceront avantageusement. Échec peut se dire : défi, gageure, challenge… Obstacle peut se dire : épreuve, occasion, opportunité… Prends l'habitude de ne plus utiliser que des mots galvanisants. Fais consciencieusement cet exercice et tu basculeras pour toujours du côté positif de la force.

Différemment

Après chaque action ou chaque phase de ton projet, demande-toi ce que tu aurais pu faire différemment. Note tout ce que tu aurais pu changer dans le processus. Ça ne veut pas dire que cela aurait été mieux ; cela aurait été juste différent. Essaye d'adopter un autre point de vue, un autre point de vue qui t'aurait amené au même résultat ou à un

[94] La force cosmiques des habitudes est le nom que donne Napoleon Hill à la constance.
[95] Napoleon Hill, *Les lois du succès tome 4*, Performance, 2012.

résultat différent. Quelles auraient été les conséquences d'une autre approche ? Compare les résultats. En procédant de la sorte, tu découvriras de nouveaux angles de réflexion.

Pour t'aider dans cette démarche, pourquoi ne pas faire appel à des spécialistes que tu respectes ou que tu admires ? Réunis virtuellement autour de toi un comité d'experts. Il peut être composé de gens que tu connais personnellement ou de célébrités vivantes ou décédées. Mets-toi à la place de chacun d'entre eux et demande-toi ce qu'il aurait fait dans la même situation. Comment aurait-il traité la question ? Par exemple, en matière d'innovation, qu'aurait fait Steve Jobs ? Comment aurait agi ton oncle Mathieu en ce qui concerne le management ?

En t'entraînant de la sorte, tu seras prêt pour n'importe quelle confrontation. Le jour où tu seras obligé de t'adapter, tu seras tellement entraîné, que faire différemment ne sera pas un problème. Ta créativité aura été tellement stimulée à toujours trouver des solutions innovantes, qu'aucun obstacle ne te résistera. Ta persévérance agira sans effort. Tu ne verras plus les difficultés que comme des défis amusants. Ce ne sera plus pour toi qu'un jeu de les contourner.

Le rejet

Personne n'aime être rejeté. Au point que nous sommes capables de renoncer à exprimer une demande de peur d'être rejetés. C'est ce qui faisait de moi, à mes débuts, un piètre pratiquant du démarchage commercial : l'angoisse d'être laissé à la porte ou de me faire raccrocher au nez. Pourtant que risque-t-on de pire à demander ? D'entendre un non. Est-ce mortel ? Sûrement pas.

Les premiers « non » peuvent être douloureux. Mais au bout d'un certain temps, on s'aguerrit. La répétition atténue les effets du « non ». En renouvelant l'expérience, tu deviendras peu à peu insensible à la frustration. Donc plus tôt et plus fréquemment tu te confronteras aux objections, plus tôt tu te fortifieras. À force de t'y confronter, tu verras qu'un « non » n'est pas si grave que ça. Comme le dit le deuxième accord toltèque : « n'y vois rien de personnel[96]. » La personne qui te refuse quelque chose a ses propres raisons qui très souvent n'ont rien à voir avec toi.

Pour endurcir ta persévérance, il suffit que tu t'exerces. À chaque occasion, lance des demandes qui ont toutes les chances de déboucher sur un refus : demande si

[96] Miguel Ruiz, *Les quatre accords toltèques*, Jouvence, 2018.

tu peux conduire le bus, demande si tu peux apporter ton repas au restaurant, demande à passer devant tout le monde dans la queue sans te justifier, etc. Tu peux t'aider d'applications comme *Rejection Training*[97] ou *DareMe*[98]. Ces applications te lancent quotidiennement des défis. Tu gagnes des points chaque fois que tu réussis. La pratique de tous ces exercices, ceux des applis ou ceux que tu t'inventes, va littéralement doper ta persévérance.

Le bon côté

Celui qui n'a rien raté n'a jamais rien tenté. Comme le dit Benjamin Franklin : « Il y a bien des manières de ne pas réussir, mais la plus sûre est de ne pas prendre de risques. » Seuls ceux qui ne font rien ne font jamais d'erreurs. J'espère que tu en as fait beaucoup : c'est bon signe. D'après le *Harvard Business Review*, un entrepreneur connaît en moyenne trois ratages pour un succès. Ce qui signifie que plus tu réussis, plus tu rates. Ou plutôt, plus tu rates, plus

---

[97] Rejection Training pour iOS, Rejection Training - Face your fears pour iOS [en ligne], disponible sur : < bit.ly/rejectios > (page consultée le 13 septembre 2019).
Rejection Training pour Android, Rejection Training - Face your fears pour iOS [en ligne], disponible sur : < bit.ly/rejectandroid > (page consultée le 13 septembre 2019).

[98] DareMe, Challenge Yourself Every Day [en ligne], disponible sur : < https:// apps.apple.com/us/app/dareme/id1446501898 > (page consultée le 27 octobre 2019).

tu réussis. Voilà qui est encourageant et qui justifie pleinement la présence du Cavalier de la Persévérance à tes côtés.

L'une des erreurs les plus monumentales de toute l'histoire est sans doute celle de Christophe Colomb croyant mettre le pied en Inde. Les meilleures entreprises font des erreurs[99]. Google possède l'un des taux d'échecs les plus élevés. Les lunettes connectées Google Glass, le réseau social Google+, font partie de ses échecs les plus cuisants. En 2012-2013, Google a enterré 70 nouveaux services[100]. Elle reste malgré tout l'une des sociétés les plus rentables de ce siècle. Aucune entreprise n'est à l'abri de l'échec. Souviens-toi du Surface de Microsoft, du New Coke de Coca-Cola. « Pour grands que soient les rois, ils sont ce que nous sommes : Ils peuvent se tromper comme les autres hommes. » Corneille.

Le succès n'enseigne rien. Seules les erreurs sont pédagogiques. Nespresso a traversé vingt et un ans d'échecs répétés[101], à cause d'erreurs de marché ou de modèles économiques, avant de rencontrer le succès phénoménal que nous lui connaissons aujourd'hui. Chaque semaine, sélectionne une erreur que tu as commise aupara-

---

[99] Christine Kerdellant, *Ils se croyaient les meilleurs : histoire des grandes erreurs de management*, Denoël, 2016.
[100] *Ibid.*
[101] Philippe Silberzahn, *Relevez le défi de l'innovation de rupture*, Pearson, 2015.

vant dans ta vie. Emploie-toi à en voir les bons côtés en écrivant dix bienfaits qui en ont découlé. Cet exercice, qui te révélera les leçons que tu peux tirer de tes erreurs, t'aidera à devenir de plus en plus persévérant.

L'erreur rend meilleur

L'année dernière, j'ai coaché un banquier, Daniel[102]. Il en avait marre de son métier. Il voulait changer. Mais à cinquante-cinq ans, il ne se sentait pas capable de se reconvertir. Il doutait de ses compétences : « Tu comprends, je n'ai plus vingt ans. », me disait-il. Comme il était marathonien à ses heures perdues, j'ai fait remarquer à Daniel que les meilleurs marathoniens n'ont pas vingt ans et qu'il y a sûrement plein de choses qu'il fait mieux à cinquante-cinq ans qu'à vingt ans. Je lui ai donc proposé comme devoir d'écrire tout ce qu'il fait mieux aujourd'hui dans n'importe quel domaine. Lorsqu'il m'a remis sa liste, j'étais impressionné : il en avait rempli trois pages bien tassées. Aujourd'hui, Daniel a reconstruit sa vie professionnelle ; il est coach financier indépendant : il aide des particuliers à gérer leurs finances.

---

[102] Le prénom a été changé.

Fais cet exercice toi aussi. Quel que soit ton âge, dresse la liste de tout ce que tu fais mieux aujourd'hui qu'avant. Examine tous les compartiments de ta vie : capacités physiques, couple, parentalité, relations, métier, expression, etc. N'es-tu pas plus sage, plus confiant, plus performant ? Écris : je suis plus... je fais mieux... je sais davantage... Ne t'arrête pas à moins d'avoir rempli une page entière. Creuse chacune de tes actions, chacun de tes comportements, chacune de tes pensées.

Honore-toi pour ces merveilleux progrès. Tu es une bien meilleure personne aujourd'hui. Tu as su t'*upgrader* au fil des années. Dans les moments sombres, lorsque tu auras envie de jeter l'éponge, quand un sentiment d'inutilité ou de nullité t'envahira, relis ta liste à voix haute et ajoute au moins une ligne. Cet exercice t'aidera à rester persévérant. Tu verras clairement que malgré les soi-disant échecs, constamment tu t'améliores. Grâce à toutes tes erreurs, tu es toujours meilleur.

Nellie Bly ou la Persévérance

Nellie Bly
(1864-1922)

« Une femme qui travaille est une monstruosité. » Elizabeth Cochrane bondit de son siège en lisant dans le journal local *Pittsburgh Dispatch* cet article ouvertement phallocrate intitulé *À quoi sont bonnes les jeunes filles*. Immédiatement, elle prend sa plume et rédige à l'attention de la rédaction une lettre outrée. Elle a seize ans. Dans les jours qui suivent, paraît dans le journal une petite note invitant l'auteur de la lettre à se présenter au siège. S'attendant à des remontrances, elle se présente néanmoins avec cran. À sa grande surprise, le rédacteur en chef George Madden, auteur de l'article, impressionné par son style, lui promet un contrat si elle écrit pour le journal un article intéressant.

Orpheline de père depuis l'âge de six ans et vouée à devenir gouvernante, Elizabeth, qui écrit des poèmes depuis son plus jeune âge, saisit sa chance. Elle revient avec un article sur la famille et se fait embaucher. Madden lui suggère le pseudonyme de Nellie Bly en référence à une chanson populaire.

Le premier reportage de Nellie Bly paraît dans le *Pittsburgh Dispatch* en 1880 et concerne une conserverie. Ses articles, accompagnés de nombreuses photographies, décrivent les conditions de travail difficile des ouvrières : la pénibilité, l'hygiène, les risques. Le tirage du journal monte en flèche. Dès lors, Nellie a carte blanche dans le choix de ses sujets. Elle décide de s'intéresser particulièrement au monde ouvrier. Mais les patrons n'apprécient guère les révélations de la jeune journaliste. Ils exercent une forte pression sur la rédaction pour la faire taire. Cédant aux menaces des industriels, Madden affecte Nellie à la rubrique artistique. C'est sa première mise au placard.

Mais Nellie n'accepte pas son sort très longtemps. Faisant preuve de persévérance, elle réussit à convaincre Madden d'accepter un nouveau reportage sur le monde ouvrier. Cette fois-ci, ce sera sur une tréfilerie. Mais plutôt que d'observer avec un œil de journaliste et d'interviewer les protagonistes, comme le font tous les journalistes et comme elle l'a fait elle-même jusqu'alors, elle décide de se faire embaucher et de travailler en immersion totale sans révéler sa mission. Criant d'authenticité, son reportage remporte un succès sans précédent. Nellie Bly vient d'inventer en quelques lignes le journalisme d'investigation et le reportage clandestin. La colère des patrons, qui ne se fait pas attendre, est à la mesure du succès de l'article. À nouveau, ils montent au créneau pour faire interdire la jeune journaliste de tribune. À nouveau, pour échapper à leur courroux, Madden confine Nellie à la rubrique artistique. Deuxième mise au placard.

Nellie décide d'aménager son placard en voyageant au Mexique avec sa mère. Elle observe la vie quotidienne des autochtones et envoie régulièrement à son journal des articles sur la vie artistique du pays. D'El Paso à Veracruz, en passant par Guadalupe et Mexico, Nellie raconte son séjour et fait découvrir aux Américains le mode de vie des Mexicains. Mais elle ne résiste pas à la tentation de porter, dans ses écrits, un regard critique sur le régime politique. Jugeant qu'elle est allée trop loin, les autorités mexicaines l'expulsent sans sommation à peine six mois après son entrée. Encore une mise à l'écart.

Refusant de retourner à la rubrique artistique, Nellie démissionne du *Pittsburgh Dispatch* et part à l'assaut de

New York. Elle a soif d'aventures. Elle veut maintenant avoir une portée nationale. Elle envoie sa candidature au *New York Times* et au *New York Tribune.* Mais c'est le *New York World* qu'elle vise, le journal à sensation dirigé par Joseph Pulitzer lui-même. Refusée par le journal, elle fait le siège de la rédaction. Pour s'en débarrasser, Pulitzer lui promet un contrat contre un reportage sur un asile psychiatrique, pensant qu'elle va renoncer. Contre toute attente, Nellie accepte. Rien ne l'arrête.

Elle choisit d'enquêter sur le Blackwells Island Hospital en ayant recours à sa méthode favorite : l'immersion. Après une nuit entière de répétition devant la glace, elle se présente devant les médecins qui la jugent unanimement folle et se prononcent pour son internement sans délai. Avec cette mise en danger, Nellie vient de franchir un pas supplémentaire en matière de reportage clandestin. Elle passe dix jours à l'hôpital psychiatrique dans la peau d'une folle enfermée. À sa sortie, ses articles, qui révèlent des conditions effroyables et des traitements cruels, sont repris à la une de toute la presse. Une vive émotion s'empare de l'opinion publique, entraînant une vague de réformes dans l'univers psychiatrique.

L'année d'après, Nellie propose à sa rédaction de défier Phileas Fogg, le héros du roman de Jules Verne, *Le tour du monde en 80 jours*. Mais le financier du *New York World* refuse de mettre la main à la poche, estimant qu'une femme serait bien incapable de réaliser un tel exploit. Qu'à cela ne tienne, le 14 novembre 1889 à neuf heures quarante, Nellie entame son périple à partir du New Jersey, sur ses propres deniers, une petite valise à la main. Elle a vingt-cinq ans. Depuis Southampton, elle se rend à Amiens où Jules Verne, qui a tenu à la rencontrer, l'encourage chaleureusement. Elle poursuit son expédition à partir de Calais : Brindisi, Suez, Colombo, Hong Kong, Yokohama. Grâce au télégraphe, elle envoie régulièrement ses articles au journal. Les lecteurs par millions se passionnent pour ses récits. Le *New York World* ne cesse de battre des records de vente. Nellie accoste à San Francisco le 20 janvier. Pulitzer affrète alors des trains spéciaux pour la ramener à son point de départ sur la côte Est. Le 25 janvier 1890 à 15 heures 51, Nellie est la première femme à avoir fait le tour du monde en solitaire. Pour parcourir les 40 070 kilomètres, elle a mis 72 jours, 6 heures, 11 minutes et 14 secondes. Les félicitations d'un Jules Verne euphorique ne se font pas attendre.

En avril 1895, retirée du journalisme, Nelly épouse un millionnaire qu'elle enterre en 1904, héritant ainsi d'une usine dans laquelle elle veillera à offrir d'excellentes conditions de travail aux ouvrières. Mais en raison des malversations de son directeur d'usine, elle est contrainte de déposer le bilan. Lorsque la Première Guerre Mondiale éclate en 1914, Nellie, qui a maintenant cinquante ans, reprend du service. Elle devient la première femme correspondante de guerre, passant cinq ans sur le front. Après la guerre, elle reprend dans ses articles ses thèmes favoris : le monde ouvrier et la famille. Et milite activement pour le droit de vote des femmes.

Cela aussi passera

Lorsque tu sens des résistances, qu'elles soient externes ou internes, va chercher le courage au cœur de ton « pourquoi ». Ce « pourquoi » était là quand tu as débuté ; qu'il reste ici pour t'accompagner. Si tu ne peux passer en force, adapte-toi, fais preuve de souplesse et de patience. Prends bien soin de toi, car la fatigue, physique ou psychique, entrave le pas du Cavalier de la Persévérance. Garde ta trousse d'urgence à portée d'esprit. Et veille surtout à bien t'entourer : les influences bénéfiques embraseront ton ardeur.

Comme Winston Churchill, scrute le positif en toutes choses : « Un optimiste voit une occasion en chaque calamité, tandis qu'un pessimiste voit une calamité en chaque occasion. » Empreint de gratitude, fais la liste des bénéfices qui découlent de tes erreurs. Et note comment tu aurais pu faire différemment. Comme dit le proverbe africain, « ne regarde pas où tu es tombé, mais plutôt là où tu as glissé. » Prends conscience à quel point tu es meilleur aujourd'hui qu'hier. L'entraînement au rejet t'aidera à t'endurcir.

La persévérance ne peut se cuirasser, selon la formule de Napoleon Hill, qu'à « l'école des coups durs ». Tu connaîtras des hauts. Tu connaîtras des bas. Les uns après les autres, ils illumineront ou assombriront ton chemin. Dans les moments les plus creux du désespoir, songe à ce roi qui tirait sa sérénité des quelques mots inscrits sur sa bague : « Cela aussi passera. » À chaque fois, tu reviendras sabre au clair, vêtu d'une armure plus solide, pour conquérir le monde.

Récapitulatif

Définition

La persévérance est le fait de te relever chaque fois que tu tombes. C'est poursuivre une action malgré les vicissitudes qui t'accablent. La persévérance t'aide à venir à bout de tout ce qui te sépare de ton objectif, peu importe les émotions négatives qui t'assaillent.

Cinq stratégies

- Repense à ton Pourquoi
- Prends soin de toi
- On s'adapte
- Sache t'entourer
- Prépare ta trousse d'urgence

Cinq exercices

- Positiver
- Différemment
- Le rejet
- Le bon côté
- L'erreur rend meilleur

Conclusion

« Il faut commencer à se méfier le jour où l'on a plus de souvenirs que de projets. »
Jean Yanne

Tu connais désormais chacun des Sept Cavaliers du Succès : Détermination, Autodiscipline, Constance, Volonté, Enthousiasme, Foi, Persévérance. Tu connais leur rôle, leur caractère, leur place. Tu sais comment ils fonctionnent, comment les aguerrir, comment ils peuvent te servir. C'est une équipe solide qui te soutiendra à travers les plus grosses épreuves. Tu pourras toujours compter sur eux, s'ils peuvent compter sur toi.

Grâce à tes Sept Cavaliers du Succès bien entraînés, tu pourras gérer des projets de plus en plus ambitieux, de plus en plus puissants, avec des équipes de plus en plus vastes, si c'est ton vœu. L'ambition et la puissance d'un projet se mesurent à l'impact qu'il a sur ton entourage direct ou plus largement sur la planète. Quel impact veux-tu avoir sur le bien-être, la qualité de vie, le bonheur des autres ? Sur la paix dans le monde ? Sur l'avenir de notre planète ? Les Sept Cavaliers du Succès te donnent les moyens d'agir. Avec eux à tes côtés, tu peux prendre la route avec l'assurance de réussir.

Mais avant que nos routes se séparent, j'aimerais encore partager avec toi quelques derniers conseils.

Les sept pièges majeurs

1. Ne pas passer par une phase préalable avant de démarrer ton projet est la première erreur à ne pas faire. Cette phase où tu clarifies ta mission, ton pourquoi et ta vision, où tu décris tes valeurs et tes ressorts, pour finalement valider ton objectif, est cruciale. Elle représente les fondations de ton projet. Sans elle, tu pourrais venir à bout de ton projet, mais il serait fragilisé dès le départ et l'issue en serait incertaine. Cette phase est à la mesure de ton projet. Pour un petit projet, elle sera succincte ; pour un gros projet, elle sera conséquente. En respectant cette phase, tu te donnes toutes les chances d'atteindre ton objectif.

2. Négliger l'un des Cavaliers du Succès est sans nul doute la plus grosse erreur que tu puisses faire. Accorde de l'importance à chacun. Les Sept Cavaliers du

Succès sont tous indispensables à la réussite de ton projet. Pas un ne compte moins que les autres. Si un seul manque, ton objectif ne sera que très difficilement atteint, dans certains cas, jamais. Et l'énergie des six autres aura été dépensée en pure perte. Même si l'un des Cavaliers est difficile pour toi à gérer, porte-lui toute ton attention afin qu'il ne vacille pas en entraînant les autres.

3. Fréquenter des personnes négatives ne peut que nuire à ton entreprise. Ces personnes ont des croyances limitantes qui finiront par te contaminer. Ce sont des personnes qui râlent à tout bout de champ contre tout et n'importe quoi, et qui se plaignent de leur sort pour un rien. Elles sont généralement pessimistes, souvent envieuses, et trouveront toujours l'occasion de soulever une impossibilité dans ton projet. Bien sûr, ce sont leurs peurs qui s'expriment à travers ces projections. Mais tu ne pourras peut-être pas toujours rester insensible à leur état d'esprit. Une caractéristique te permettra de les démasquer rapidement : elles sont habituellement médisantes. Mieux vaut donc que tu t'en écartes.

4. Si tu attends d'être parfaitement prêt pour passer à l'action, tu risques de rester longtemps sur place, peut-être toujours, jusqu'à n'avoir plus que des regrets. Attendre d'être prêt n'est qu'une excuse pour ne pas agir, par peur

d'échouer. Mais vouloir réussir, c'est accepter l'échec, pourvu qu'il ne soit que temporaire. Lance-toi, tu apprendras en cours de route ; et ce seront les meilleures leçons. Lance-toi, même s'il ne te reste encore que dix pour cent pour être prêt. Parce que pour combler ces dix pour cent, tu pourrais mettre plus de temps que pour atteindre les quatre-vingt-dix pour cent que tu as déjà acquis.

5. Le manque d'organisation est aussi une erreur préjudiciable à ton projet. Cela peut occasionner une perte de temps considérable, notamment par défaut de synchronisation entre les tâches ou à cause de la multiplication des retours en arrière. Tu pourrais rapidement te retrouver à faire du sur-place, voire à régresser. Prends le temps de t'organiser. Ce n'est pas du temps perdu : c'est un investissement. Vois-le comme tel. Et réorganise-toi chaque jour ou chaque semaine.

6. Prendre une décision lorsque tu es en proie à une émotion forte, qu'elle soit positive ou négative, est à éviter. Sauf cas d'extrême urgence, porte toujours ton jugement à froid, après un certain temps de recul. L'émotion est souvent mauvaise conseillère. Le temps ramène les choses à leur juste mesure. Il te permettra de voir un aspect de la situation que tu ne pouvais pas envisager dans le feu de l'action. Cela ne veut pas dire qu'il faille attendre plusieurs

jours. Le temps de prendre quelques profondes respirations peut suffire à t'éclaircir les idées.

7. Rester aveugle aux progrès accomplis risque de freiner ta progression. C'est une manière de voir le verre à moitié vide. Honore le chemin parcouru, si minime soit-il. L'important est d'être sur la voie. Demain, tu seras plus loin encore. Félicite-toi d'être en route. Oui, il reste beaucoup, mais tu as déjà fait beaucoup. Et il t'en restera de moins en moins tant que tu resteras en mouvement. Trouve dans le chemin parcouru une motivation pour continuer, pour aller de l'avant. Lorsque tu es à mi-parcours, en vérité tu as fait plus de la moitié du trajet, car la mise en mouvement est ce qui coûte le plus.

Les sept plus précieux conseils

1. Mets en place au moins une stratégie pour chacun des Sept Cavaliers. Ne fais pas tout en même temps. Commence par une stratégie portant sur ton Cavalier le plus fragile. C'est le maillon faible qu'il faut consolider en premier. Lorsque tu te sentiras stabilisé dans cette stratégie, que tu n'auras plus autant besoin d'y penser parce qu'elle sera devenue une habitude, ajoutes-en une autre. Et ainsi

de suite. Rapidement, tu auras tissé une solide armature pour tenir ton projet.

2. Pratique les exercices de ton choix suffisamment longtemps afin qu'ils puissent t'apporter tous les bénéfices que tu es en droit d'attendre. Souviens-toi qu'il faut de dix-huit à deux cent cinquante-quatre jours pour qu'une habitude s'installe, et que la moyenne est de soixante-six jours. Ne relâche pas l'effort trop tôt. Commence toujours petit. N'hésite pas à adapter les exercices à tes besoins en leur trouvant des variantes. Tu n'as pas à tout respecter à la lettre. Du moment que tu as compris l'esprit de l'exercice, tu peux lui trouver un autre habillage.

3. Cultive la patience. N'attends pas de résultat immédiat. Si tu veux des résultats aujourd'hui, il fallait commencer il y a quelques semaines ou quelques mois. Il y a toujours une progression souterraine plus ou moins longue avant qu'un effet commence à se voir. La croissance d'un arbre est indétectable d'un jour à l'autre. Et pourtant en élargissant son point de vue, on peut le voir grandir d'année en année. La nature elle-même nous enseigne la patience. Fais ce que tu as à faire et les fruits viendront à point.

4. Accepte de te tromper. As-tu déjà vu un enfant se plonger, ne serait-ce que cinq minutes, dans le mode d'em-

ploi de sa nouvelle console de jeu avant de prendre les manettes ? Je ne crois pas. Il se met tout de suite à jouer. Il accepte l'erreur, car elle fait partie du jeu. C'est le meilleur moyen de progresser. C'est de cette manière que nous avons tous appris à marcher. Nous sommes tombés souvent et nous nous sommes relevés plus souvent jusqu'à tenir définitivement debout. Les meilleures leçons viendront de tes erreurs.

5. Prends du recul de temps en temps. Isole-toi. Change de lieu s'il le faut. Ou change de rythme. Cela te permettra de voir les choses sous un autre angle ou avec un regard neuf. Tu auras une meilleure perception de tes erreurs. Et tu trouveras plus facilement des solutions à tes problèmes. Avoir toujours le nez dans le guidon limite ton horizon. Il faut par moment que tu puisses prendre de la hauteur pour regarder loin devant et loin derrière. L'observation rend la critique plus aisée. Les canapés ne sont-ils pas remplis de gens qui savent mieux que les joueurs professionnels comment jouer au football ?

6. Passe du temps de qualité avec des hommes et des femmes qui ont atteint des objectifs comparables aux tiens. Nourris-toi de leurs expériences. Observe-les. Interroge-les. Suis-les si tu peux. Si tu n'en connais pas, lis des biographies de personnalités qui ont réalisé les mêmes

rêves que toi. Inspire-toi de leur parcours. Les *success stories* rectilignes ne se trouvent que dans les magazines. Toutes les trajectoires sont semées d'embûches. Étudie ce que ces personnes ont dû surmonter pour y arriver.

7. Prends l'habitude de pratiquer la visualisation à la moindre occasion : pour trouver une place de parking, pour obtenir une faveur, pour rencontrer quelqu'un. Dans n'importe quelle situation, imagine le résultat le plus favorable, même si tout paraît contre toi, même si tes chances d'obtenir satisfaction sont minces. Passe outre tes croyances limitantes. La visualisation efficace est le fruit d'un entraînement assidu. Peu à peu, tu passeras à des visualisations plus conséquentes.

Imagine

Au terme de cette démarche, tu as maintenant tous les outils pour atteindre tes objectifs à coup sûr, qu'ils soient modestes ou ambitieux. Tu ne peux que réussir. Le seul échec, c'est de ne pas essayer. Le seul échec, c'est de laisser les chevaux du succès à l'écurie et leurs cavaliers à la sieste.

Mais au-delà des méthodes, écoute ton intuition. Les méthodes ne méritent d'être suivies que jusqu'à ce qu'elles aient suffisamment aiguisé ton intuition pour que tu puisses te passer de leurs services. Ce n'est qu'après avoir suivi longtemps les méthodes les plus rigoureuses que les plus grands artistes, les plus grands scientifiques, les plus grands entrepreneurs, les plus grands sportifs, suivent leur instinct. L'improvisation est le fruit d'une longue préparation. Selon Bruce Lee, il faut « apprendre les règles, maîtriser les règles, puis briser les règles. » Picasso maîtrisait les règles de la peinture classique avant de les briser en petits cubes.

Transcendant les méthodes, l'imagination va de pair avec l'intuition. « L'imagination est plus importante que le savoir. Le savoir est limité alors que l'imagination englobe le monde entier, stimule le progrès, suscite l'évolution. », souligne Albert Einstein. Imagine le monde que tu veux. Comme l'affirme John Lennon, « La réalité doit beaucoup à l'imagination. » Si tu laisses faire ton imagination, elle t'apportera les plus beaux projets. C'est encore Albert Einstein qui le dit : « La logique te mènera d'un point A à un point B. L'imagination te mènera partout. »

Continue de rêver. Construis de beaux projets, vis de belles aventures, fais de belles rencontres. Et surtout, sois heureux !

Épilogue

Eddie the Eagle, l'exemple parfait

Michael Edwards
(1963-   )

S'il est un destin qui illustre parfaitement la règle des Sept Cavaliers du Succès : c'est celui de Michael Edwards, un Anglais né le 5 décembre 1963 à Cheltenham dans le comté de Gloucestershire. Le parcours de cet homme est l'une des plus belles réussites de tous les temps. Sans talent, rien ne le prédestinait au succès. En faisant travailler les Sept Cavaliers du Succès de concert, il a démontré de façon éclatante que la sueur peut largement compenser le talent inné.

Depuis sa plus tendre enfance, Michael Edwards veut participer coûte que coûte aux Jeux Olympiques. Bien sûr, personne ne le prend au sérieux. Ce n'est qu'un rêve de gosse. Les murs de sa chambre sont couverts de posters de sports. À ces heures perdues, il prend plaisir à feuilleter des magazines et des livres consacrés au sport en rêvassant la mine réjouie. Il ne rate jamais une émission de sport à la télévision. Petit garçon curieux, il a la passion de tous les sports. Il en essaye d'ailleurs plusieurs avec plus ou moins de réussite, plutôt moins en fait.

En grandissant, ce qui n'était qu'un rêve devient un objectif, et même une conviction. Michael Edwards sait qu'il sera un jour aux J.O., cela ne fait aucun doute pour lui : il a **la foi**. Pourtant il n'est vraiment pas doué pour le sport. Il est très maladroit. Il est même épouvantable. Mais il est **déterminé** comme personne. En 1984, il échoue malheureusement à se qualifier en ski alpin pour les Jeux Olympiques d'hiver de Sarajevo. Qu'à cela ne tienne, absolument pas découragé, il décide de **persévérer** et vise désormais les Jeux Olympiques de 1988 à Calgary. Il a exactement quatre ans de préparation devant lui. Conforme à l'esprit du Baron Pierre de Coubertin, son but est simple : participer.

Afin de mettre toutes les chances de son côté, il part s'entraîner dans les récentes installations du complexe de Lake Placid aux États-Unis, qui fut le théâtre des Jeux

Olympiques d'hiver de 1980. Michael Edwards est rapidement à court d'argent. Mais sa détermination et sa persévérance ne sont pas entamées. Il s'entraîne durement avec une **constance** qui force l'admiration. Il fait absolument tout ce qu'il peut pour s'améliorer dans tous les secteurs de son sport.

En 1986, il découvre par hasard que l'Angleterre n'a jamais eu de représentants aux Jeux Olympiques en saut à ski. Il n'y a pas de concurrence nationale. Cela lui laisse toutes les chances d'être cette fois-ci sélectionné. Il décide donc de s'entraîner avec **discipline** afin de se qualifier en saut à ski, sans doute le sport le plus dangereux des Jeux Olympiques, mais aussi sa meilleure chance jusque là d'atteindre son objectif. Imagine un peu : en fin de tremplin, les sauteurs sont à plus de 100 km/h à 15 m du sol avec pour seule protection… un casque. La moindre erreur, à n'importe quelle phase du saut, peut être fatale.

Michael Edwards cumule les handicaps. D'abord, il n'aura que deux ans de préparation, alors que ses concurrents ont débuté vers l'âge de 6 ans. Il est en surpoids (82 kg pour 1,73 m – la moyenne des pratiquants de haut niveau est de 63 kg pour 1,84 m), il est de taille moyenne alors qu'il vaut mieux être grand et mince comme les Scandinaves pour fendre l'air. Et à cause d'une vue déficiente, il doit porter des lunettes qui se couvrent de buée pendant les épreuves, au point qu'il saute systématiquement à l'aveugle. Heureusement, il peut compter sur une **volonté** de fer. Maintes fois, il est sauvé du découragement par un **enthousiasme** sans faille.

Finalement, il atteint son objectif : grâce à une constance indéfectible, il est présent aux Jeux Olympiques de Calgary de 1988. Seul représentant de son pays en saut à ski, il signe le record national. Il termine ses sauts debout et vivant, un véritable exploit. C'est l'exultation ! Un rêve de gosse qui se réalise. Ils sont peu nombreux dans l'histoire de l'humanité ceux qui ont concrétisé leur désir d'enfant sans jamais s'écarter de leur idéal.

Certes, il arrive dernier, 58e, aux deux épreuves de saut à ski (concours du 70 mètres et concours du 90 mètres), mais il est le plus heureux des participants. Il saute, il danse, il rit. La presse le surnomme Eddie the Eagle. Il est même plus heureux que les trois médaillés. Car de son côté Matti Nykänen, le vainqueur finlandais, insatisfait, dira : « J'ai décroché l'or. Mais je n'ai pas fait de mon mieux. Si j'avais fait de mon mieux, même en arrivant dernier, j'aurais été plus heureux[103]. » Michael Edwards a fait de son mieux, il est arrivé dernier, il est le plus heureux.

---

[103] Dexter Fletcher, *Eddie the Eagle*, Twentieth Century Fox, 2016, 105 mn.

Parce qu'il avait un objectif précis, parce qu'il était déterminé, discipliné, constant, enthousiaste, persévérant, parce qu'il avait la foi et la volonté, Michael Edwards fait partie de ceux qui réussissent. Il n'avait pas le profil, il n'avait pas l'expérience, il n'était pas doué. Il a simplement fait campagne comme il fallait avec les Sept Cavaliers du Succès.

Ressources

Citations

AUDEN W. H. (1907-1973), poète.

« La routine chez un homme intelligent est un signe d'ambition. »

BONAPARTE Napoléon (1769-1821), empereur des Français.

« La plus vraie des sagesses est une détermination ferme. »

BRANDEN Nathaniel (1930-2014), psychothérapeute.

« [L'estime de soi] est la disposition à se considérer comme compétent pour faire face aux défis de base de l'existence et être heureux. »

CARNEGIE Andrew (1835-1919), industriel.

« Celui qui ne peut prendre une décision promptement, dès qu'il détient tous les faits nécessaires pour ce faire, ne possède pas la fiabilité pour mener à bien la décision qu'il doit prendre. »

CHURCHILL Winston (1874-1965), homme d'État.

« Là où se trouve une volonté, il existe un chemin. »

« Un optimiste voit une occasion en chaque calamité tandis qu'un pessimiste voit une calamité en chaque occasion. »

CONFUCIUS (551-479 av. J.-C.),philosophe.

« Choisis un travail que tu aimes et tu n'auras pas à travailler un seul jour de ta vie. »

COUÉ Émile (1857-1926), psychologue et pharmacien.

« Tous les jours, à tous points de vue, je vais de mieux en mieux. »

DEMARCO MJ, entrepreneur.

« Sans processus, il n'y a pas d'événement. »

DU TOIT Natalie (1984,), nageuse internationale.

« Tu dois toujours garder tes rêves en tête et ne jamais les abandonner. »

« C'était juste mon rêve à moi, mon but personnel. Des gens m'ont dit que ce ne serait jamais possible, c'était juste après que je sois rentrée à l'hôpital et qu'on m'ait amputée. Mais vous savez, peu importe si un rêve paraît irréalisable, c'est quelque chose que vous faites pour vous, et non pour les autres. L'important n'est pas de devenir le champion, d'être le meilleur ou d'avoir la médaille d'or. Si vous atteignez votre rêve, c'est cette concrétisation qui est importante. Cela peut être un petit rêve, le mien était d'aller aux Jeux Olympiques. »

EINSTEIN Albert (1879-1955), physicien.

« L'imagination est plus importante que le savoir. Le savoir est limité alors que l'imagination englobe le monde entier, stimule le progrès, suscite l'évolution. »

« La logique te mènera d'un point A à un point B. L'imagination te mènera partout. »

ELIOT T. S. (1888-1965), poète, dramaturge.

« Seuls ceux qui prennent le risque d'aller trop loin peuvent vraiment savoir jusqu'où aller. »

EMERSON Ralph Waldo (1803-1882), philosophe et poète.

« En général, tout mal auquel nous ne succombons pas est pour nous un bienfaiteur. »

« L'idéal de la vie n'est pas l'espoir de devenir parfait, c'est la volonté d'être toujours meilleur. »

FERRON Jacques (1921-1985), écrivain.

« L'influence. C'est un jeu auquel personne ne résiste. D'autant plus amusant que l'appréciation n'est facile pour personne, à commencer par le premier bénéficiaire. »

FOSDICK Harry Emerson (1878-1969), pasteur.

« Une vie ne peut devenir extraordinaire avant d'être centrée, dédiée, disciplinée. »

FRANKLIN Benjamin (1706-1790), inventeur et homme politique.

« Il y a bien des manières de ne pas réussir, mais la plus sûre est de ne pas prendre risques. »

GENLIS (de) Félicité (1746-1830), femme de lettres.

« On s'étonne trop de ce qu'on voit rarement et pas assez de ce qu'on voit tous les jours. »

GOETHE (von) Johann Wolgang (1749-1832), romancier, poète, dramaturge.

« Dès l'instant où vous aurez foi en vous-même, vous saurez comment vivre. »

HAL Erod.

« Il suffit de changer votre façon de vous réveiller pour transformer, plus vite que vous ne l'auriez imaginé, n'importe quel pan de votre vie. »

HILL Napoleon (1883-1970), auteur.

« De la résistance vient la force. Le chêne le plus fort de la forêt n'est pas celui qui est protégé de la tempête et caché du soleil, mais celui qui se tient debout en plein vent, où il est forcé de lutter pour son existence contre les éléments et le soleil ardent. »

« Un sondage que j'ai déjà mené auprès de 160 000 prisonniers des pénitenciers des États-Unis révèle le fait étonnant que 92 %

de ces malheureux individus sont en prison parce qu'il leur manquait la maîtrise de soi nécessaire pour diriger leur énergie de façon constructive. »

« Personne ne peut contrôler les autres à moins de se contrôler d'abord lui-même. »

« Place de manière délibérée dans ton esprit le genre de pensées que tu veux entretenir et garde hors de ton esprit les pensées que d'autres essaient d'y placer par la suggestion et tu deviendras ainsi une personne en pleine maîtrise de soi. »

« Il existe deux façons de vivre sa vie. L'une consiste à servir de cheval à la vie; l'autre consiste à tenir le rôle de cavalier en faisant de la vie sa monture. À chacun de choisir d'être cavalier ou cheval, mais une chose est certaine : si tu ne choisis pas de devenir un cavalier de la vie, tu seras forcé de lui servir de monture. »

« Les désastres et tragédies de la vie servent à briser les habitudes qui conduisent une personne à l'échec, défaisant du même coup l'emprise de la force cosmique des habitudes et permettant ainsi à cette personne d'acquérir de meilleures habitudes. »

« Nous ne pouvons nous trouver là où nous aimerions nous trouver et devenir ce que nous souhaitons être qu'en développant et en maintenant des habitudes volontaires. »

« L'être humain est plus efficace, et réussit plus rapidement et plus facilement, lorsqu'il s'emploie à un travail qu'il aime ou qu'il accomplit en faveur d'une personne qu'il aime. »

« La foi est un état d'esprit dont la pérennité n'est assurée que par des actions. Il ne suffit pas simplement de croire. »

« Tout ce que l'esprit peut croire et concevoir, il peut le concrétiser. »

JEFFERSON Thomas (1743-1826), homme d'État.

« Je crois beaucoup en la chance et je constate que plus je travaille, plus la chance me sourit. »

JOBS Steve (1955-2011), entrepreneur.

« Je ne le comprenais pas encore à l'époque, mais avoir été viré d'Apple a été la meilleure chose qui pouvait m'arriver. Cela m'a libéré et m'a permis d'entrer dans une des périodes les plus créatives de ma vie. »

KENNEDY John Fitzgerald (1917-1963), homme d'État.

« Le meilleur moment pour réparer sa toiture, c'est quand le soleil brille »

KING Stephen (1947-), romancier.

« J'écris moi-même tous les jours, même à Noël, le jour de la fête nationale et le jour de mon anniversaire. »

« Le moment le plus redoutable est celui qui précède celui où on s'y met »

KRISHNAMURTI Jiddu (1895-1986), philosophe.

« La méditation est un des arts majeurs dans la vie, peut-être "l'art suprême", et on ne peut l'apprendre de personne : c'est sa beauté. Il n'a pas de technique, donc pas d'autorité. Lorsque vous apprenez à vous connaître, observez-vous, observez la façon dont vous marchez, dont vous mangez, ce que vous dites, les commérages, la haine, la jalousie – être conscient de tout cela en vous, sans option, fait partie de la méditation. »

« Si l'on ne se compare à personne, on devient ce que l'on est. »

« Un homme sérieux ne se laisse pas détourner facilement, il peut se distraire, mais son itinéraire est tracé. »

LAO ZI (VIe - V^{e} av. J.-C.), philosophe.

« Un voyage de mille lieus commence par un pas. »

« Il n'y a pas de chemin vers le bonheur. Le bonheur est le chemin. »

LEE Bruce (1940-1973), acteur et pratiquant d'art martial.

« Apprendre les règles, maîtriser les règles, puis briser les règles. »

LENNON John (1940-1980), musicien.

« La réalité doit beaucoup à l'imagination. »

LINCOLN Abraham (1809-1865), homme d'État.

« Que l'on me donne six heures pour couper un arbre, j'en passerai quatre à préparer ma hache. »

MANDELA Nelson (1918-2013), homme d'État.

« Je ne perds jamais. Soit je gagne, soit j'apprends. »

« Ne laissez pas les gens négatifs voler votre joie. Lorsque vous perdez votre joie, vous perdez votre force. »

MANN Horace (1706-1786), diplomate.

« L'habitude est un câble que nous tissons jour après jour jusqu'à ce qu'il nous devienne impossible de le briser. »

MARSHALL George (1880-1959), général.

« Se battre ne suffit pas. C'est le courage qu'on met dans le combat qui en détermine l'issue. C'est le courage qui remporte la victoire. »

MISCHEL Walter (1930-2018), psychologue.

« [...] ceux qui patientaient le plus longtemps en maternelle persévèrent davantage une fois adultes dans leurs objectifs à long terme et les atteignent plus souvent [...] »

MURRAY W. H. (1913-1996), alpiniste.

« Jusqu'au moment où l'on s'engage, il n'y a qu'hésitation, occasion de renoncer, et toujours inefficacité. Concernant tous les actes exigeant initiative (et création), il est une vérité élémentaire dont l'ignorance tue d'innombrables idées et de magnifiques projets : c'est qu'à l'instant où l'on s'engage pour de bon, alors la Providence se met aussi en mouvement. Toutes sortes d'aides interviennent qui, autrement, ne se seraient jamais manifestées. Un vaste courant d'événements découle de cette décision, plaçant sur notre chemin toutes sortes d'aventures et de rencontres imprévues, de soutiens matériels, dont aucun n'aurait osé rêver. »

NIETZSCHE Friedrich Wilhelm (1844-1900), philosophe.

« Ce qui ne me tue pas me rend plus fort. »

NYKÄNEN Matti (1963-2019), sauteur à ski.

« J'ai décroché l'or. Mais je n'ai pas fait de mon mieux. Si j'avais fait de mon mieux, même en arrivant dernier, j'aurais été plus heureux. »

OBAMA Barack (1961-   ), homme d'État.

« Je ne porte que des costumes bleus ou gris, j'essaie de réduire au minimum le nombre de décisions à prendre. Je ne veux pas en prendre en rapport avec ce que je porte ou ce que je mange, parce que j'en ai trop à prendre par ailleurs. Vous devez mettre en place une routine, vous ne devez pas être distrait par des choses triviales pendant votre journée. »

PATTON George (1885-1945), général.

« Je ne mesure pas le succès d'une personne au sommet qu'il atteint, mais plutôt à la façon dont il rebondit lorsqu'il touche le fond. »

PETER Laurence J. (1919-1990), pédagogue.

« Dans une hiérarchie, tout employé a tendance à s'élever à son niveau d'incompétence. »

PONIATOWSKI Michel (1922-2002), politicien.

« Jusqu'ici, le présent était toujours déterminé par le passé. Aujourd'hui, il doit l'être par l'avenir. »

PROVERBE africain.

« Ne regarde pas où tu es tombé, mais plutôt là où tu as glissé. »

PROVERBE chinois.

« Celui qui attend d'être malade pour aller chez le médecin est aussi fou que celui qui attend d'avoir soif pour creuser un puits »

PROVERBE japonais.

« Tomber sept fois, se relever huit. »

RENARD Jules (1864-1910), écrivain et dramaturge.

« La meilleure santé, c'est de ne pas sentir sa santé. »

RENOIR Auguste (1841-1919), peintre.

« Ce dessin m'a pris cinq minutes, mais j'ai mis soixante ans pour y arriver. »

ROBBINS Anthony (1960-   ), coach.

« Ce n'est pas ce que nous faisons à l'occasion qui modèle notre vie, c'est ce que nous faisons avec régularité. »

ROHN Jim (1930-2009), entrepreneur et coach.

« Vous êtes la moyenne des cinq personnes avec qui vous passez le plus de temps. »

SHAKESPEARE William (1564-1616), dramaturge et poète.

« Mon corps est un jardin, ma volonté est son jardinier. »

« Nos doutes nous assaillent et nous font échouer. Et nous manquons le but que nous pourrions atteindre par crainte de ne point l'atteindre. »

SHAW George Bernard (1856-1950), écrivain.

« Le succès ne consiste pas à ne jamais faire d'erreur, mais à ne jamais faire la même erreur deux fois. »

SOCRATE (vers 470 av. J.-C. - 399 av. J.-C.), philosophe.

« La chute n'est pas un échec. L'échec, c'est de rester là où on est tombé. »

STOWE Harriet Beecher (1811-1896), romancière.

« Lorsque tu te retrouves dans une situation délicate et que tout est contre toi jusqu'à ce qu'il semble que tu ne puisses plus tenir une minute de plus, n'abandonne jamais, car c'est justement l'endroit et le moment où la marée va s'inverser. »

TERESA Mère (1910-1997), missionnaire.

« Ne laisse personne venir à toi sans qu'il reparte meilleur et plus heureux. »

THÍCH NHÂT HẠNH (1926-), moine bouddhiste.

« Parfois votre bonheur est à la source de votre sourire, mais parfois votre sourire peut-être la source de votre bonheur. »

TRUMAN Harry (1884-1972), homme d'État.

« Après avoir lu la biographie de grands hommes, j'ai compris que la première victoire se remportait sur soi-même... L'auto-discipline vient toujours en premier. »

VALÉRY Paul (1871-1945), écrivain et poète.

« La santé, c'est le silence des organes. »

VINCI (de) Léonard (1452-1519), peintre et inventeur.

« Tout obstacle renforce la détermination. Celui qui s'est fixé un but n'en change pas. »

WILDE Oscar(1854-1900), écrivain, poète et dramaturge.

« Le seul moyen de se délivrer d'une tentation, c'est d'y céder. Résistez et votre âme se rend malade à force de languir ce qu'elle s'interdit. »

« La sagesse, c'est d'avoir des buts suffisamment grands pour ne pas les perdre de vue lorsqu'on les poursuit. »

YANNE Jean (1933-2003), comédien.

« Il faut commencer à se méfier le jour où l'on a plus de souvenirs que de projets. »

Internet

42 Goals, Pour suivre des objectifs quotidiens, < 42goals.com > (29.09.2019).

Joe's Goals, Free Online Habit Tracker, < joesgoals.com > (02.09.2019).

Les fous de la douche froide, Les fous de la douche froide, < facebook.com / groups / 469809579871128 > (02.09.2019).

Mind Movies, Positive Daily Affirmations & Digital Vision Boards, < mindmovies.com > (02.09.2019).

Monastère Bodhinyanarama, Site du monastère de forêt de Tournon-sur-Rhône, < Bodhinyanarama.org > (29.09.2019).

Paperblanks, Carnets d'écriture, agendas, < paperblanks.com > (13.09.2019).

Priority Management, A better way to work, < prioritymanagement.com > (29.09.2019).

Rejection Therapy, Rejection Therapy <rejectiontherapy.com > (13.09.2019).

Stickk, Stickk to your commitment, < stickk.com > (03.09.2019).

Village des Pruniers, Centre de pratique de pleine conscience dans la tradition du maître zen Thich Nhat Hanh, < villagedespruniers.net > (29.09.2019).

Vipassana Meditation, Vipassana Meditation, < dhamma.org > (02.09.2019).

Wim Hof, Wim Hof Method < wimhofmethod.com > (02.09.2019).

Applications

Audiolib, Livres audio et Podcasts, < audiolib.fr > (20.09.2019).

Chains, Don't break the chain, < chains.cc > (29.09.2019).

Coach Me, Instant Coaching for Any Goal, < coach.me > (02.092019).

DareMe, Challenge Yourself Every Day, < https://apps.apple.com/us/app/dareme/id1446501898 > (27.10.2019).

Done, Improve yourself, < thedoneapp.com > (29.092019).

Evernote, Prise de notes, < evernote.com > (29.092019).

Fabulous, Motivation, < thefabulous.co > (02.092019).

Focus@Will, Get a 4x increase in productivity, < focusatwill.com > (02.092019).

Focus Booster, Pomodoro app and time tracker, < focusboosterapp.com > (29.09.2019).

Foodvisor, Compteur de calories, < foodvisor.io > (02.092019).

Forest, Stay focused, be present, < forestapp.cc > (02.09.2019).

Freeletics, Functional high intensity bodyweight training, < freeletics.com > (02.09.2019).

Goalmap, L'appli mobile de motivation pour atteindre ses objectifs, < goalmap.com > (02.09.2019).

Goals On Track, Goal Software For High Achiever, < goalsontrack.com > (02.09.2019).

GoodSync, File sync & backup software, < goodsync.com > (29.09.2019).

HabitBull, Habit tracker, < habitbull.com > (02.09.2019).

Habitica, Gamify your life, < habitica.com > (29.09.2019).

Habitify, The best multi-platform habit tracker, < habitify.me > (29.09.2019).

Habit List, Buil a better you, < habitlist.com > (02.09.2019).

HabitShare, A social habit tracker to keep you accountable, < habitshareapp.com > (29.09.2019).

Headspace, Méditation, < headspace.com > (02.09.2019).

MindNode, Mind Map & Brainstorm Ideas, < mindnode.com > (29.09.2019).

Momentum, Habit Tracker, < momentum.cc > (29.09.2019).
Morning Routine, Daily Habit Tracker, < getmorningroutine.-com > (29.09.2019).
MyFitnessPal, Fitness, < myfitnesspal.com > (02.09.2019).
MyLifeOrganized, Personal Organizer, < mylifeorganized.net > (29.09.2019).
Nike Training Club, < swoo.sh/2ok85pj > (02.09.2019).
Persistence, Get persistence now, < junderro.com > (29.09.2019).
Petit BamBou, Méditation, < petitbambou.com > (02.09.2019).
Productive, Habits and daily goals tracker, < productiveapp.io > (29.09.2019).
Rejection Training, Face your fears pour iOS, < bit.ly/rejectios > (13.09.2019).
Rejection Training, Face your fears pour Android, < bit.ly/rejectandroid > (13.09.2019).
Remember the Milk, Gestion de listes et de tâches, < rememberthemilk.com > (29.09.2019).
Rescue Time, Full Automated Time Tracking Software, < rescuetime.com > (29.09.2019).
Seconds, Interval Timer, < runloop.com > (29.09.2019).
Seven, Make working out a habit, < seven.app > (02.09.2019).
Smylife, L'appli qui vous donne le sourire, < smylifeapp.com > (02.09.2019).
Streaks, The to-do list that helps you form good habits, < streaksapp.com > (02.09.2019).
Strides, Goal and Habit Tracker, < stridesapp.com > (02.092019).
Todoist, Liste de tâches, < todoist.com > (29.09.2019).
Toggl, Free time tracking software, < toggl.com > (29.09.2019).
Trello, Accomplir plus de choses, < trello.com > (29.09.2019).
Way of Life, Habit on, Habit off, < wayoflifeapp.com > (29.09.2019).
Wunderlist, Liste de tâches, rappels, courses, < wunderlist.com > (02.09.2019).

Films

AMÉRIS Jean-Pierre, *Marie Heurtin*, Diaphane, 2014, 95 mn.
ATTENBOROUGH Richard, *Gandhi*, International Film Investors, 1983, 190 mn.
AUGUST Bille, *Goodbye Bafana*, Paramount Pictures, 2007, 118 mn.
BOYLE Danny, *Steve Jobs*, Universal Pictures, 2016, 122 mn.
BURGER Neil, *Limitless*, Gaumont, 2011, 105 mn.
BURTON Tim, *Big Eyes*, StudioCanal, 2015, 107 mn.
CAPRA Franck, *La vie est belle (It's a Wonderful Life)*, Swashbuckler, 1947, 129 mn.
CHADWICK Justin, *Mandela : un long chemin vers la liberté (Mandela: Long Walk to Freedom)*, Pathé, 2013, 139 mn.
DALDRY Stephen, *Billy Elliot*, Tamasa Distribution, 2000, 110 mn.
DEAN Alexandra, *Hedy Lamarr: from Extase to Wifi (Bombshell: The Hedy Lamarr Story)*, Urban Distribution, 2018, 89 mn.
DUVERNAY Ava, *Selma*, Pathé, 2015, 128 mn.
EASTWOOD Clint, *Million Dollar Baby*, Mars Distribution, 2005, 132 mn.
EASTWOOD Clint, *Invictus*, Warner Bros, 2010, 132 mn.
FARAUT Julien, *L'empire de la perfection*, UFO, 2018, 95 mn.
GAVRON Sarah, *Les Suffragettes (Suffragette)*, Pathé, 2015, 107 mn.
GIBSON Mel, *Tu ne tueras point (Hacksaw Ridge)*, Metropolitan FilmExport, 2016, 140 mn.
GOMEZ-REJON Alfonso, *The Current War*, Bazelevs, 2020, 105 mn.
FLETCHER Dexter, *Eddie the Eagle*, Twentieth Century Fox, 2016, 105 mn.
HOPKINS Stephen, *La couleur de la victoire (Race)*, LFR Films, 2016, 123 mn.
HUDSON Hugh, *Les chariots de feu (Chariots of Fire)*, Twentieth Century Fox, 1981, 125 mn.

JOLIE Angelina, *Invincible (Unbroken)*, Universal Pictures International, 2015, 137 mn.
LEMMONS Kasi, *Harriet*, Universal Pictures, 2020, 125 mn.
LUMET Sidney et MANKIEWICZ Joseph, *King : de Montgomery à Memphis (King: Montgomery to Memphis)*, Splendor, 1970, 182 mn.
MANN Michael, *Ali*, Bac Films, 2002, 158 mn.
MUCCINO Gabriele, *À la recherche du bonheur (The Pursuit of Happyness)*, Gaumont Columbia Tristar, 2007, 118 mn.
PENN Arthur, *Miracle en Alabama (The Miracle Worker)*, Mary-X, 1962, 106 mn.
PHILLIPS Suzanne, *Joséphine Baker: The 1st Black Superstar*, Forget About It Films, 2006, 59 mn.
SALVA Victor, *Le guerrier pacifique (Peaceful Warrior)*, DEJ Productions, 2007, 120 mn.
SCORSESE Martin, *Le loup de Wall Street (The Wolf Of Wall Street)*, Metropolitan, 2013, 179 mn.
SPIELBERG Steven, *Lincoln*, Twentieth Century, 2013, 129 mn.
SPURLOCK Morgan, *Super Size Me*, Diaphana, 2004, 98 mn.
STERN Joshua Michael, *Jobs*, Metropolitan, 2013, 133 mn.
TOLEDANO Éric et NAKACHE Olivier, *Le sens de la fête*, Gaumont, 2017, 116 mn.
TURELTAUB Jon, *Rasta Rocket (Cool Runnings)*, Gaumont Buenavista, 1994, 128 mn.
TYLDUM Morten, *Imitation Game (The Imitation Game)*, StudioCanal, 2015, 115 mn.
VALLÉ Jean-Marc, *Dallas Buyers Club*, UGC, 2014, 117 mn.

Bibliographie

ABRAHAM, *Créateurs d'avant-garde*, Ariane, 2006.
ABTEY Jacques, *La guerre secrète de Joséphine Baker*, Siboney, 1948.
ARNOULD Louis, *Une âme en prison*, H. Oudin, 1900.
BAJIEU Pénélope, *Culottées tome 1*, Gallimard Jeunesse, 2016.
BAJIEU Pénélope, *Culottées tome 2*, Gallimard Jeunesse, 2017.
BAUMEISTER Roy-F et TIERNEY John, *Le pouvoir de la volonté*, Flammarion, 2017.
BRANDEN Nathaniel, *Les six clés de la confiance en soi*, J'ai lu, 1995.
BYRNE Rhonda, *Le Secret*, Un monde différent, 2008.
BYRNE Rhonda, *La Magie*, Guy Trédaniel, 2012.
CARNEY Scott, *Tout ce qui ne nous tue pas*, Amphora, 2017.
CLIFFORD LARSON Kate, *Bound for the Promised Land*, One World, 2004.
CURREY Mason, *Daily Rituals*, Picador, 2013.
COUÉ Émile, La méthode Coué, Marabout, 2013.
DEMARCO MJ, *L'autoroute du Millionnaire*, Contre-Dires, 2918.
DUHIGG Charles, *Le pouvoir des habitudes*, Flammarion, 2016.
ELROD Hal, *Miracle Morning*, First, 2016.
EMERSON Ralph Waldo, *Essais : Histoire, Compensation, Expérience, Destin* (1841-1844), Michel Houdiard, 2017.
FRANCESCO Cirillo, *La technique Pomodoro*, Diateino, 2019.
GARGUILO Nicolas, *Girl Power*, Talents Éditions, 2017.
GLADWELL Malcolm, *Tous winners*, Flammarion, 2018.
GODDARD Neville, *Ressentir… voilà le secret !*, Dauphin Blanc, 2013.
GUISE Stephen, *Les mini-habitudes*, Trésor Caché, 2017.
HAECHLER Jean, *Les Insoumises*, Nouveau Monde Editions, 2018.
HANSON Rick, *Le pouvoir des petits riens*, Pocket, 2015.
HILL Napoleon, *Réfléchissez et devenez riche*, J'ai lu, 2011.
HILL Napoleon, *Les lois du succès tome 1*, Performance, 2012.
HILL Napoleon, *Les lois du succès tome 2*, Performance, 2012.

HILL Napoleon, *Les lois du succès tome 3*, Performance, 2012.
HILL Napoleon, *Les lois du succès tome 4*, Performance, 2012.
HIPPOCRATE, *L'art de la médecine*, Flammarion, 1999.
HYGINUS Caius Julius, *Fabulæ*, De Gruyter, 2002.
ISAACSON Walter, *Steve Jobs*, Le Livre de Poche, 2012.
JIANG Jia, *À l'épreuve du NON*, Belfond, 2017.
JOFFRIN Laurent, *La princesse oubliée*, Robert Laffont, 2004.
KERDELLANT Christine, *Ils se croyaient les meilleurs : histoire des grandes erreurs de management*, Denoël, 2016.
KING Stephen, *Écriture*, Albin Michel, 2001.
LENÔTRE Georges, *Nos Français : Portraits de famille*, Grasset, 1941.
LIPTON Bruce H., *Biologie des croyances*, Ariane, 2016.
LYUBOMIRSKY Sonja, *Qu'est ce qui nous rend vraiment heureux ?*, Pocket, 2015.
MCGONIGAL Kelly, *L'instinct de volonté*, Guy Trédaniel, 2017.
MEADOWS Martin, *Comment développer l'autodiscipline*, CreateSpace Independent Publishing, 2016.
MEADOWS Martin, *La détermination*, CreateSpace Independent Publishing, 2017.
MEADOWS Martin, *L'autodiscipline quotidienne*, CreateSpace Independent Publishing, 2017.
MISCHEL Walter, *Le test du marshmallow*, Lattès, 2015.
MURRAY William Hutchinson, *The Scottish Himalayan Expedition*, J. M. Dent & Co, 1951.
NIETZSCHE Friedrich, *Le crépuscule des idoles* (1888), Éditions CdBF, 2017.
OLSON Jeff, *The Slight Edge*, Greenleaf Book, 2013.
ONANA Charles, *Joséphine Baker contre Hitler*, Duboiris, 2006.
PANKHURST, *Ces femmes incroyables qui ont changé l'histoire*, Kimane, 2019.
PETER Laurence J., *Le principe de Peter*, Librairie Générale Française, 1970.
PINK Daniel-H, *La vérité sur ce qui nous motive*, Flammarion, 2016.

RUIZ Miguel, *Les quatre accords toltèques*, Jouvence, 2018.
SALDMANN Frédéric, *Vital !*, Albin Michel, 2019.
SHELTON H. M., *Le jeûne*, Courrier du Livre, 2002.
SILBERZAHN Philippe, *Relevez le défi de l'innovation de rupture*, Pearson, 2015.
SINEK Simon et al., *Trouver son Pourquoi*, Pearson, 2018.
STONE Tom, *Vaporize Your Fear of Rejection*, Great Life Technologies, 2011.
VADER John, *Nous n'avons pas joué : l'effondrement du réseau Prosper*, Le Capucin, 2002.
WOOD Ean, *La folie Joséphine Baker*, Serpent à plumes, 2001

Crédits images

Photo de couverture : Zef Art / Adobe Stock, licence étendue, transformation : couleur et recadrage.

Cavalier noir : Tcheres / Adobe Stock, licence standard, transformation : couleur.

Cavalier au cheval blanc : Lunstream / Adobe Stock, licence standard.

Ornement : Tartila / Adobe Stock, licence standard.

Agnodice : photographe inconnu, domaine public < https://creativecommons.org/publicdomain/zero/1.0/legalcode >, transformation : recadrage.

Natalie du Toit : photographe Australian Paralympic Committee, licence CC BY-SA 3.0 < https://creativecommons.org/licenses/by-sa/3.0 >, transformation : couleur et recadrage.

Borne kilométrique : Icônes 8, licence CC BY-ND 3.0 < https://creativecommons.org/licenses/by-nd/3.0/ >, transformation : couleur.

Compas : Babasse / Icon Icons, licence CC 4.0 < https://creativecommons.org/licenses/by/4.0/ >.

Personnage : Plainicon, / Icon Icons, licence CC 4.0 < https://creativecommons.org/licenses/by/4.0/ >

Clap de cinéma : Romualdas Jurgaitis / Icon Icons, licence CC 4.0 < https://creativecommons.org/licenses/by/4.0/ >

Sablier : Google, licence pour usage commercial, transformation : couleur.

Pistolet : VisualPharm / Icon Icons, licence CC 4.0 < https://creativecommons.org/licenses/by/4.0/ >

Locomotive : Vincent Le Moign / Icon Icons, licence CC 4.0 < https://creativecommons.org/licenses/by/4.0/ >, transformation : couleur, orientation.

Barrière : WebDesignHot / Icon Icons, licence CC 4.0 < https://creativecommons.org/licenses/by/4.0/ >, transformation : couleur.

Sœur Sainte-Marguerite : photographe inconnu, domaine public < https://creativecommons.org/publicdomain/zero/1.0/legalcode >, transformation : recadrage.

Noor Inayat Khan : photographe inconnu, 1943, image HU 74868 des collections du Imperial War Museums (iwm.org.uk), domaine public < https://creativecommons.org/publicdomain/zero/1.0/legalcode >, transformation : recadrage.

Joséphine Baker : photographe Studio Harcourt / RMN, 1948, domaine public < https://creativecommons.org/publicdomain/zero/1.0/legalcode >, transformation : recadrage.

Harriet Tubman : photographe Horatio Seymour Squyer, 1848, National Portrait Gallery (npg.org.uk), domaine public < https://creativecommons.org/publicdomain/zero/1.0/legalcode >, transformation : recadrage.

Nellie Bly : photographe H. J. Myers, 1890, image cph.3b22819 de la Prints and Photographs division de la Bibliothèque du Congrès des États-Unis, domaine public, < https://creativecommons.org/publicdomain/zero/1.0/legalcode >, transformation : recadrage.

Michael Edwards : photographe Orville Barlow, 2017, licence CC BY-SA 4.0 < https://creativecommons.org/licenses/by-sa/4.0/ >, transformation : couleur, recadrage.

Ornement : Tartila / Adobe Stock, licence standard.

Photo auteur : photographe Rose Deren, 2017, DR.

Table des matières

Contacte l'auteur sur son site internet

FruitJuiceCoaching.com

Si tu as apprécié ce livre, pense à laisser des commentaires sur le site web de l'auteur, sur les librairies en ligne et sur les réseaux sociaux.

LesSeptCavaliersDuSucces.com

Koan Éditions
TPEB 91 rue du Fg St Honoré
75008 Paris (France)
contact@koaneditions.com